电动自行车

故障检测与维修实践技能

全图解 （第2版）

贺　鹏　王红明　编著

中国铁道出版社有限公司

CHINA RAILWAY PUBLISHING HOUSE CO., LTD.

北　京

内 容 简 介

本书采用全彩图解的方式，精练阐述电动自行车的工作原理和故障检修思路，手把手教读者检测电动自行车中各个关键测试点，进而掌握电动自行车的维修操作技能。

本书写作过程中，特意拍摄和制作了检修视频，读者在学习过程中通过观看维修视频，结合彩色图解可轻松掌握电动自行车维修知识与技能。

本书旨在帮助从事专业电动自行车维修的人员掌握维修技能，也可供普通电动自行车用户日常维修使用，还可作为培训机构、技工学校、职业高中和职业院校的参考书。

图书在版编目（CIP）数据

电动自行车故障检测与维修实践技能全图解 / 贺鹏，王红明编著 .—2 版 .—北京：中国铁道出版社有限公司，2024.4
ISBN 978-7-113-31078-3

Ⅰ.①电… Ⅱ.①贺…②王… Ⅲ.①电动自行车 - 故障检测 - 图解②电动自行车 - 维修 - 图解 Ⅳ.① U484.07-64

中国国家版本馆 CIP 数据核字（2024）第 052237 号

书　　名：电动自行车故障检测与维修实践技能全图解
　　　　　DIANDONG ZIXINGCHE GUZHANG JIANCE YU WEIXIU SHIJIAN JINENG QUANTUJIE

作　　者：贺　鹏　王红明

责任编辑：荆　波　　　编辑部电话：(010) 51873026　　　电子邮箱：the-tradeoff@qq.com
封面设计：郭瑾萱
责任校对：苗　丹
责任印制：赵星辰

出版发行：中国铁道出版社有限公司（100054，北京市西城区右安门西街 8 号）
印　　刷：天津嘉恒印务有限公司
版　　次：2019 年 7 月第 1 版　2024 年 4 月第 2 版　2024 年 4 月第 1 次印刷
开　　本：710 mm×1 000 mm 1/16　印张：11.75　字数：227 千
书　　号：ISBN 978-7-113-31078-3
定　　价：49.80 元

前言

一、为什么写这本书

电动自行车以其便捷的特点，越来越多地融入到人们的工作生活当中，尤其是在大中城市的外卖和快递等行业，有着很大的保有量；但是由于电动自行车包含了大量的电子元器件，其工作环境又比较恶劣，因此故障率比较高。电动自行车不但包括了运动部件，还有很多电子部件，如控制电路、检测电路等，其结构复杂，对于没有接触过电子电路的初学者会有一种望而生畏的感觉。

那么如何让初学者能够在短时间内掌握电动自行车的检修思路和维修技能？其实也不难，只要"多看、多学、多问、多练"，通过学习和实践来掌握电动自行车维修的基本技能。而学习就需要一本合适的维修学习资料，不但有丰富的结构原理知识，还要有大量的维修实操，将电动自行车故障检测与维修方法总结出来，并配以大量实例，以指导初学者快速入门、步步提高、逐渐精通，成为电动自行车维修的行家里手。这就是笔者写本书的目的。

本书强调动手能力和实用技能的培养，手把手地教读者测量关键电路及元器件的方法，同时总结了各个系统中易坏元器件的检测技能，使读者快速掌握电动自行车维修检测技术，提升维修能力。

二、全书讲解脉络

本书开篇介绍了电动自行车的基本知识、各主要系统的结构和工作原理，然后讲解了电动自行车维修仪器操作方法以及主要电子元器件检测技能，接着讲解了电动自行车主要故障测试点及维修方法、电动自行车常见故障维修实例等。

全书全部结合实操和图解来讲，方便初学者快速掌握电动自行车维修技能。

三、本书特色

（1）大量实训，增加经验

本书配备了大量的实践操作图，总结了丰富的实践经验，读者学过这些实训内容，可以轻松掌握电动自行车维修操作技能。

（2）实操图解，轻松掌握

本书讲解过程使用了直观图解的同步教学方式，上手更容易，学习更轻松。读者可以一目了然地看清电动自行车故障维修操作过程，快速掌握所学知识。

四、读者定位

本书中翔实的图文讲解模式不但可以帮助电动自行车维修从业人员夯实检修基础知识，梳理故障检测思路，积累维修经验；还可以供电动自行车普通用户日常保养和简单维修之用。

本书系统地讲解了电动自行车的基本原理和电子电工的基础知识，可作为培训机构、技工学校的参考用书。

五、检修视频整体下载包

随书附赠的整体下载包中包含专门为本书制作的18段电子元器件和电动自行车检修视频，读者可通过下载链接http://www.m.crphdm.com/2024/0315/14689.shtml获取使用。

编　者

2024年3月

目录

第1章
电动自行车维修基础

目前电动自行车已经成为很多人出行的交通工具，由于其使用频率高，结构复杂，因此日常使用中会出现各种故障。要想学习如何维修电动自行车，首先要了解电动自行车的结构。

1.1 看图识电动自行车

电动自行车是电动车的一种，用蓄电池来驱动电动机运转，带动自行车行驶。电动自行车主要由机械系统和电气控制系统组成。

1.1.1 看图识电动自行车机械系统

电动自行车的机械系统主要由车架部件和附属部件组成。其中，车架部件包括车架、前叉部件、车把等；附属部件包括鞍座部件、前挡泥板部件、后挡泥板部件、支架部件、车锁部件、车轮等。电动自行车机械系统如图1-1所示。

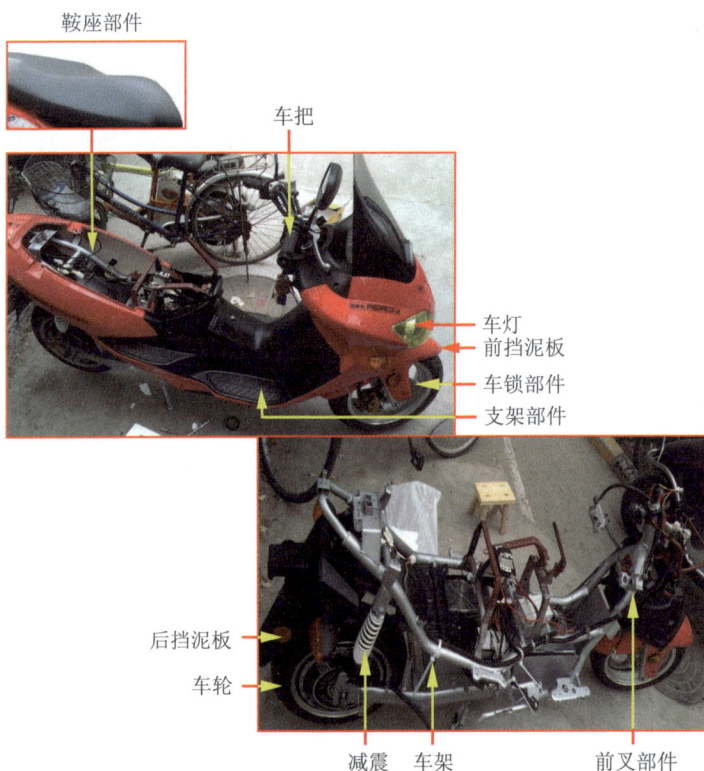

图1-1　电动自行车机械系统

1.1.2 看图识电动自行车电气控制系统

电动自行车的电气控制系统主要由电动机、控制器、蓄电池、充电器、仪表盘、转把闸把等组成。如图1-2所示。

蓄电池

控制电动机的控制器

电动机和车轮的轮毂为一体设计。

仪表盘，显示电池电量和整车速度等信息。

转把和闸把，用来控制电动机转速和刹车。

充电器

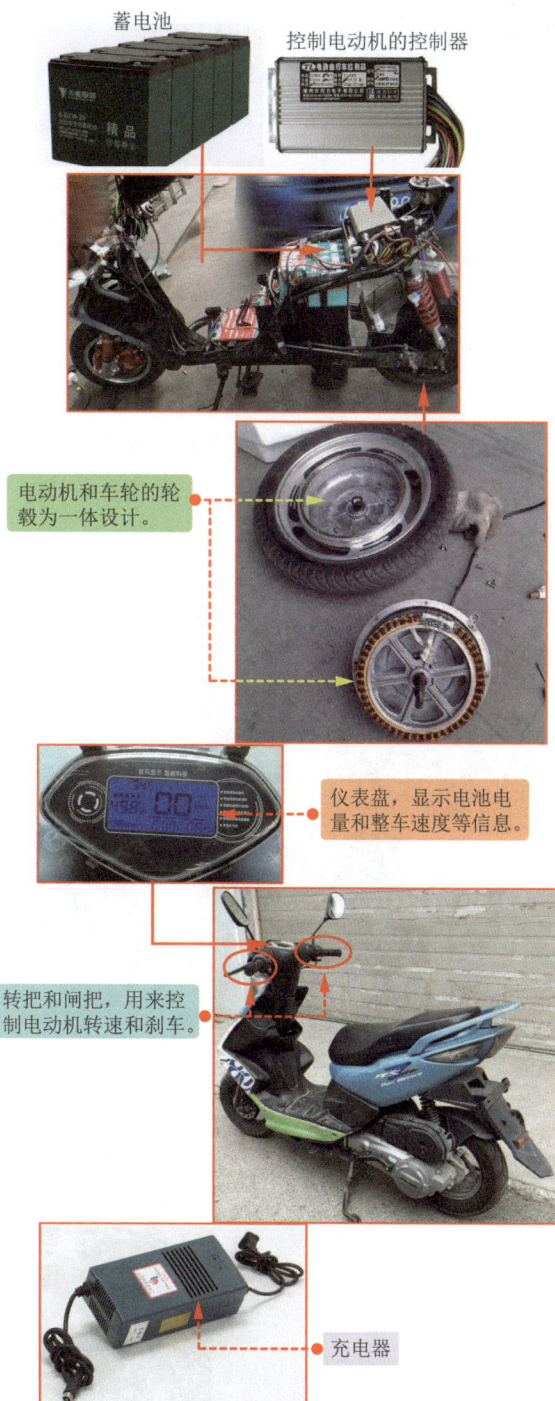

图1-2 电动自行车电气控制系统

1.2　电动自行车主要部件的功能

上一节我们从整体上了解了电动自行车的结构，接下来我们讲解电动自行车中的重要部件，如车体、电动机、控制器、电池、仪表盘等。下面详细讲解每个部件的主要功能。

1.2.1　车体

车体是电动自行车的重要部分，主要包括车架、前叉、车把、鞍座部分，如图1-3所示。

（1）车架是整个电动自行车的支撑部分，其质量关系到整车质量和安全性。必须保证有合理的结构以及足够的刚度和强度。车架一般选用较粗的钢材或铝合金作为结构件。一般在车架上还安装有减震弹簧。

车架

安装前叉的部位

车架

减震弹簧

前叉

带减震弹簧的前叉

图1-3　车体的功能

（2）前叉在电动自行车结构中处于前方部位，它的上端与车把部件相连，车架部件与前管配合，下端与前轴部件配合，组成电动车的导向系统。

（3）车把用于操纵前轮，控制电动自行车的行驶方向。另外，调速手柄、断电刹车、左右转向灯及开关都安装在车把上。

图1-3　车体的功能（续）

1.2.2　车轮和轮毂

电动自行车常用车轮规格型号有16in、18in、20in和22in等，与普通自行车不同的是，电动自行车的后轮轮毂采用的是铝合金轮毂和电动机的结合体，电动机转动直接就可以驱动轮毂转动。前轮通常为铝合金轮毂，如图1-4所示。

前轮轮毂

后轮轮毂

前轮轮毂

轮毂电动机技术的最大特点就是将动力装置、传动装置和制动装置都整合到轮毂内，将电动车辆的机械部分大为简化。

后轮轮毂，中间部分为电动机

图1-4　车轮和轮毂

1.2.3　电动机

　　电动机是电动自行车的重要部件，它由蓄电池通过控制器进行驱动，目前电动自行车电动机的驱动方式大体上分为摩擦传动式、中轴驱动式、电动轮毂式等三大类。目前大部分电动自行车普遍采用电动轮毂式，轮毂式驱动方式具有体积小、重量轻、能耗低、效率高等优点。

　　电动机分为无刷电动机和有刷电动机两类。无刷电动机主要是低速大力矩电动机，没有传动齿轮，避免了机械磨损，运行中几乎没有噪声，目前电动车电机普遍采用永磁直流电动机，而且多采用无刷无齿电动机。如图1-5所示。

轮毂中电动机的永磁转子

霍尔元件，用来反馈电动机的位置信号

电动机的铁芯和线圈

电动机盖

轮毂中电动机的永磁转子　　电动机的铁芯和线圈

图1-5　电动机

1.2.4　蓄电池

　　蓄电池是提供电动自行车能量的随车能源，它的工作原理是把化学能转化为电能。目前电动自行车使用的电池主要有铅酸电池组合、镍氢电池和锂离子电池，如图1-6所示。

电动车蓄电池的电压主要有36V、48V、60V等几种。其内部一般由多组电池组成，一般每一组电池的电压是12V。48V电压就由四组电池串联起来。

图1-6　蓄电池

1.2.5　控制器

电动自行车控制器是用来控制电动自行车电动机的启动、运行、进退、速度、停止以及电动自行车其他电子器件的核心控制器件，它就像是电动自行车的大脑，是电动自行车上重要的部件。如图1-7所示。

控制器的接头

控制器电路板上的电动机MOS控制管

控制器中的MCU，其主要任务是进行调速电压检测、电池电压检测、电流检测、过流中断检测，3路霍尔位置信号检测、1路霍尔位置信号中断检测，刹车信号检测、1：1助力检测、温度检测、故障显示输出、PWM控制电机转速输出、6路电机驱动输出等。

图1-7　控制器

1.2.6　转把和闸把

转把是控制电动自行车速度的部件，不同的旋转角度对应输出给控制器的电信号大小不同。控制器根据调速转把提供的电信号控制电动机的转速。如图1-8所示。

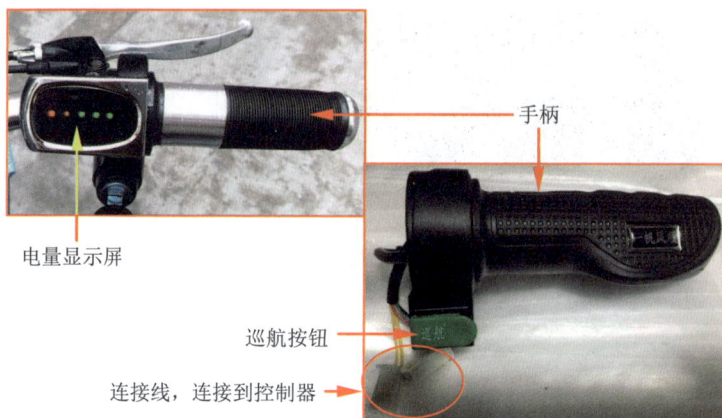

手柄

电量显示屏

巡航按钮

连接线，连接到控制器

图1-8 转把

闸把一方面通过钢丝、闸皮起刹车作用；另一方面，其内部开关输出的刹车信号输送给控制器，由控制器切断电动机的供电，从而实现刹车断电的功能，如图1-9所示。

刹车系统采用先断电后刹车的工作方式，避免损坏控制器的元器件。

闸把 转把

闸把

图1-9 闸把

1.2.7 仪表盘

仪表盘是显示电动自行车状态的部件，一般仪表盘提供电池电压显示、整车速度显示、骑行状态显示、灯具状态显示等。如图1-10所示。

电压　　　　　　　　　　　　　　　　　　速度

图1-10　仪表盘

1.2.8　充电器

电动自行车充电器是专门为其蓄电池配置的充电设备，其作用主要是将交流220V电压转换为蓄电池充电的直流电，给蓄电池充电，如图1-11所示。

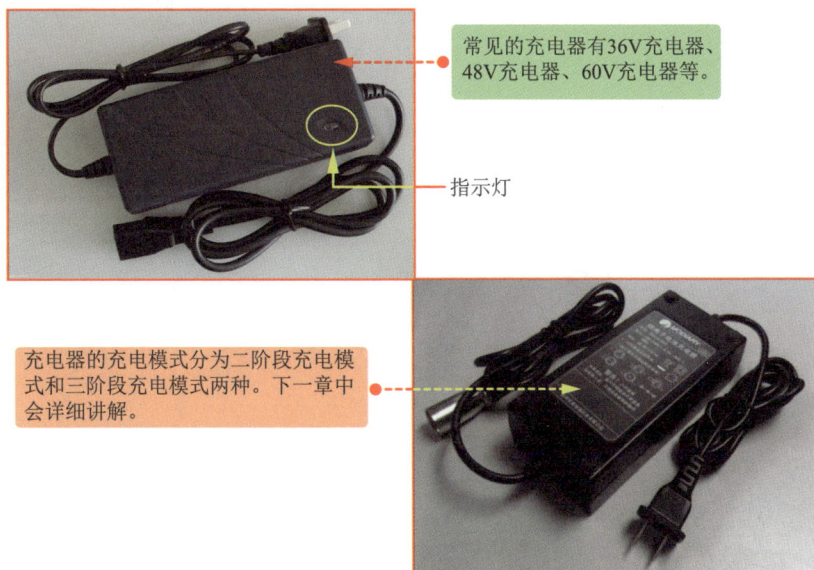

常见的充电器有36V充电器、48V充电器、60V充电器等。

指示灯

充电器的充电模式分为二阶段充电模式和三阶段充电模式两种。下一章中会详细讲解。

图1-11　充电器

1.3　电动自行车工作原理

电动自行车的工作原理其实并不复杂，简单说就是由蓄电池提供能源，通过控制器供给电动机电能，电动机带动后车轮转动，从而驱动电动自行车行驶。如图1-12所示。

（1）蓄电池通过控制器给电动机送电，驱动电动机转动，带动车轮滚动。电动自行车的控制器连接一个调速手柄（转把），当转动调速转把时，转把向控制器发出行驶信号（转动调速转把可以让控制器检测到不同的电压值），然后控制器根据转把发送的电压值大小，调整输出的PWM驱动信号，向电动机输出相应的驱动电压，驱动电动机旋转。电动机再带动后轮转动，驱动电动自行车开始行驶。

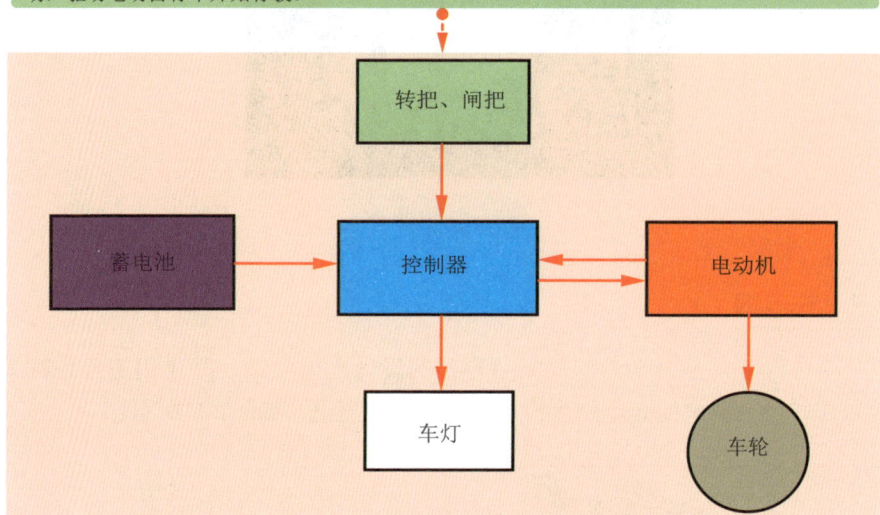

转把、闸把

蓄电池　　控制器　　电动机

车灯　　车轮

（2）当打开车灯开关时，控制器开始向车灯输出电压，点亮车灯。当捏住闸把时，闸把手柄位置产生变化，微动开关触头弹起，之后由微动开关触头产生刹车转换信号，输出给控制器，控制器在接收到信号后停止输出驱动电压，使电动机停止工作。

图1-12　电动自行车工作原理

第 2 章
电动自行车重要部件结构及工作原理

　　在上一章中，我们从整体上了解了电动自行车的结构和工作原理，而在实际维修中，各部件的重要性和故障率会有明显不同，为了帮助大家更好地学习电动自行车维修技术，本章中，我们将重点讲解电动自行车重要部件的结构及工作原理。

2.1 控制器的结构及工作原理

　　电动自行车的控制器主要和调速转把配合来控制电动机的转速，和闸把配合来使电动机断电，并通过仪表控制线路，使仪表显示电池电压、欠压及行驶里程等信息。

2.1.1 看图识电动自行车的控制器

　　控制器是电动自行车系统的核心部件之一，其主要作用是控制电动自行车的运行（通过驱动并控制电动机的转动速度来实现），使电动自行车的运行速度按照转把转动的角度发生变化而调整运行速度，并在用户刹车时自动断开供电电源。同时，控制器还具有电流过载保护、过热保护、欠压保护等功能，如图2-1所示。

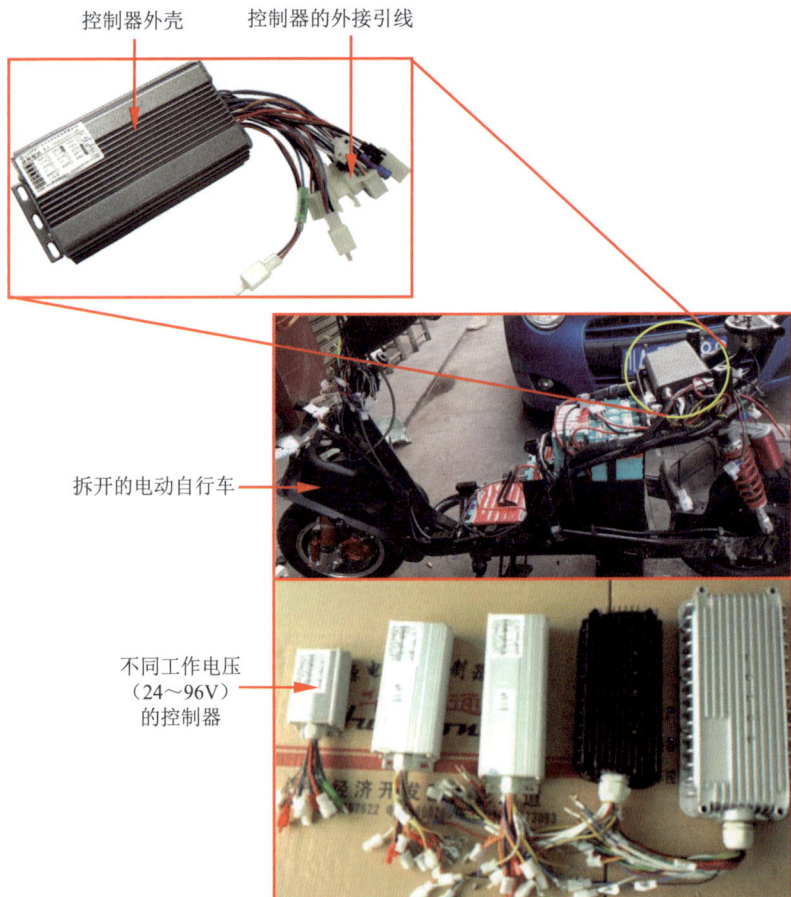

图2-1　控制器

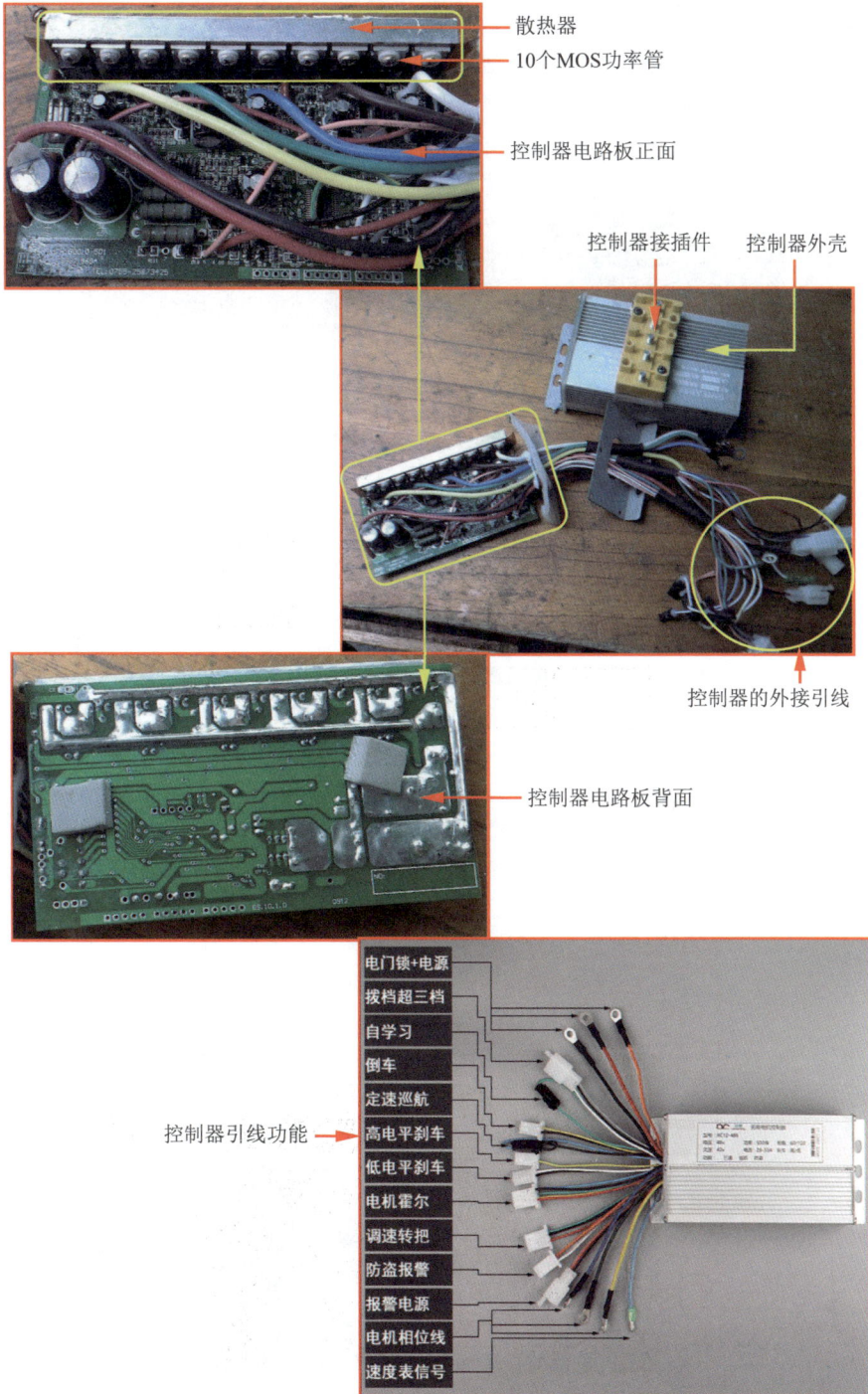

散热器

10个MOS功率管

控制器电路板正面

控制器接插件　　控制器外壳

控制器的外接引线

控制器电路板背面

控制器引线功能 →

电门锁+电源
拨档超三档
自学习
倒车
定速巡航
高电平刹车
低电平刹车
电机霍尔
调速转把
防盗报警
报警电源
电机相位线
速度表信号

图2-1　控制器（续）

2.1.2 控制器的组成结构

电动自行车的控制器主要由电源部分（电源电路）、控制部分（主处理器电路、保护电路）和驱动部分（驱动电路、MOS管输出电路）组成。如图2-2和图2-3所示。

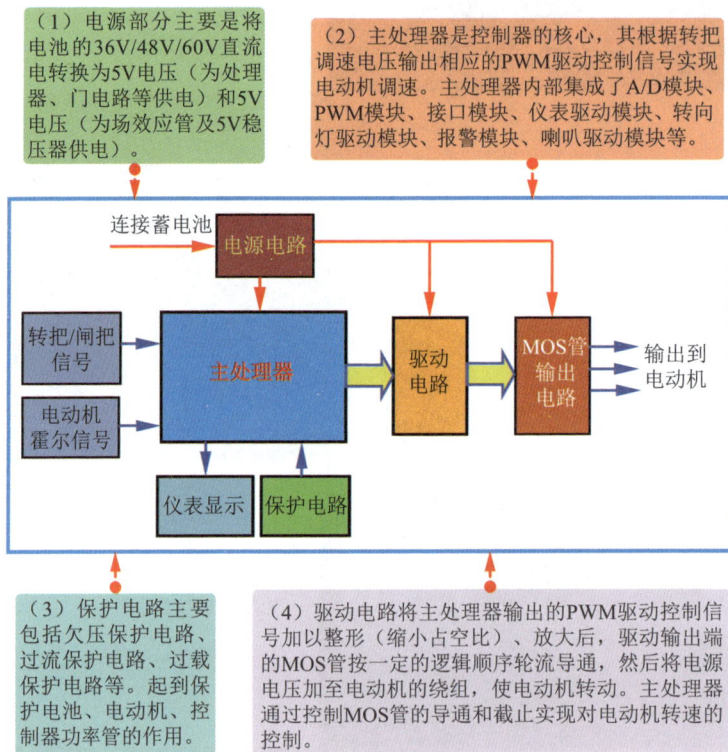

（1）电源部分主要是将电池的36V/48V/60V直流电转换为5V电压（为处理器、门电路等供电）和5V电压（为场效应管及5V稳压器供电）。

（2）主处理器是控制器的核心，其根据转把调速电压输出相应的PWM驱动控制信号实现电动机调速。主处理器内部集成了A/D模块、PWM模块、接口模块、仪表驱动模块、转向灯驱动模块、报警模块、喇叭驱动模块等。

连接蓄电池　电源电路

转把/闸把信号　主处理器　驱动电路　MOS管输出电路　输出到电动机

电动机霍尔信号

仪表显示　保护电路

（3）保护电路主要包括欠压保护电路、过流保护电路、过载保护电路等。起到保护电池、电动机、控制器功率管的作用。

（4）驱动电路将主处理器输出的PWM驱动控制信号加以整形（缩小占空比）、放大后，驱动输出端的MOS管按一定的逻辑顺序轮流导通，然后将电源电压加至电动机的绕组，使电动机转动。主处理器通过控制MOS管的导通和截止实现对电动机转速的控制。

图2-2　控制器组成框图

输出电路中MOS管

电源电路

驱动电路

主处理器芯片

图2-3　控制器电路板结构

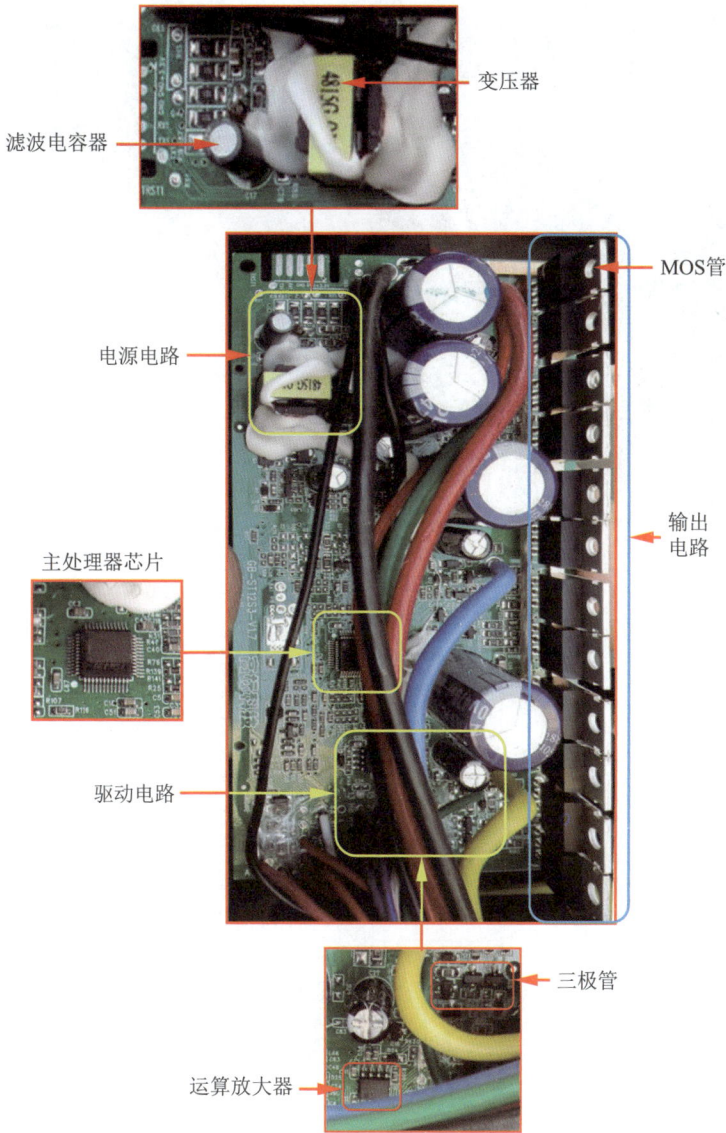

图2-3　控制器电路板结构（续）

2.1.3　控制器工作过程

控制器的控制原理是通过主处理器发出的脉冲信号，经放大之后控制MOS功率管的开启和关闭时间，决定电动机换向的顺序和时间，从而控制电动机的转向和转速。

电动自行车控制器的工作过程如图2-4所示。

（1）打开电源锁后，电源锁装置会给控制器发送一个开锁信号，然后控制器电路开始工作。首先控制器中的仪表驱动模块向仪表盘发送驱动信号，仪表盘上的电源指示灯点亮，并显示蓄电池电量等信息。同时控制器输出5V电压给转把内的霍尔元器件供电。

（2）当用户旋转转把时，转把输出1~4.2V电压通过信号线传递给控制器的主处理器。接着控制器开始输出电动机驱动信号，电动机开始启动转动。同时电动机中的霍尔传感器产生对应的位置信号，使霍尔元器件输出0~5V的开关信号电压。此信号通过信号线传递给控制器中的主处理器。

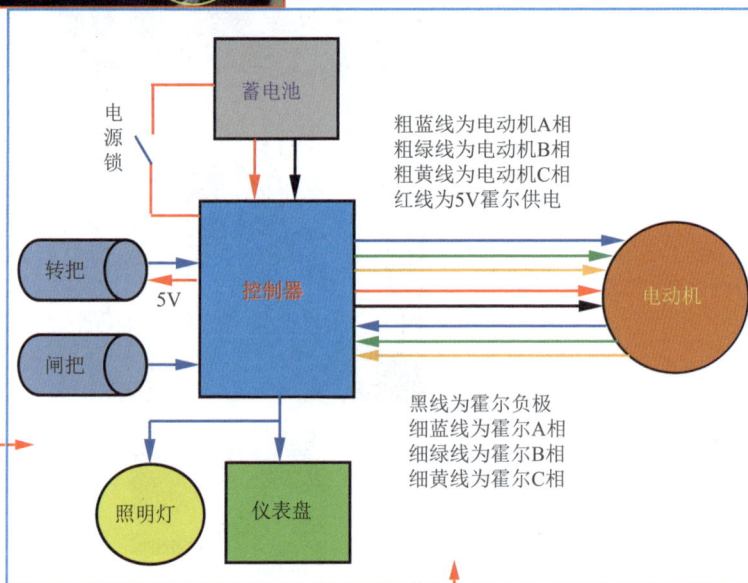

蓄电池

电源锁

转把

5V

闸把

控制器

照明灯

仪表盘

电动机

粗蓝线为电动机A相
粗绿线为电动机B相
粗黄线为电动机C相
红线为5V霍尔供电

黑线为霍尔负极
细蓝线为霍尔A相
细绿线为霍尔B相
细黄线为霍尔C相

（3）控制器接收到霍尔信号后，根据霍尔信号调整输出的电动机PWM驱动信号（此信号决定MOS功率管开关的顺序）。此信号经过驱动电路驱动放大后，由输出电路输出由低到高的交流电压（0~38V），此电压给电动机线圈供电，电动机开始由慢到快旋转。

（4）当电动机转子转动到霍尔元件感应出另一组信号的位置时，控制器再开启下一组MOS功率管，如此循环电动机就可以同一方向继续转动。

（5）当用户手捏闸把时，闸把向控制器输出5V→0V（低电平刹车）的刹车信号电压。接着控制器停止输出电动机驱动信号，输出电路停止输出电动机供电，电动机停止运转，起刹车断电的作用。

图2-4　电动自行车控制器的工作过程

2.1.4 电源电路工作原理

控制器中的电源电路的功能主要是将蓄电池的电压转换成控制器电路工作需要的15V和5V电压。电源电路通常采用两个稳压器芯片来实现该功能。

1. 电源电路的组成

电源电路通常由稳压器芯片、电阻器和电容器组成，如图2-5所示。

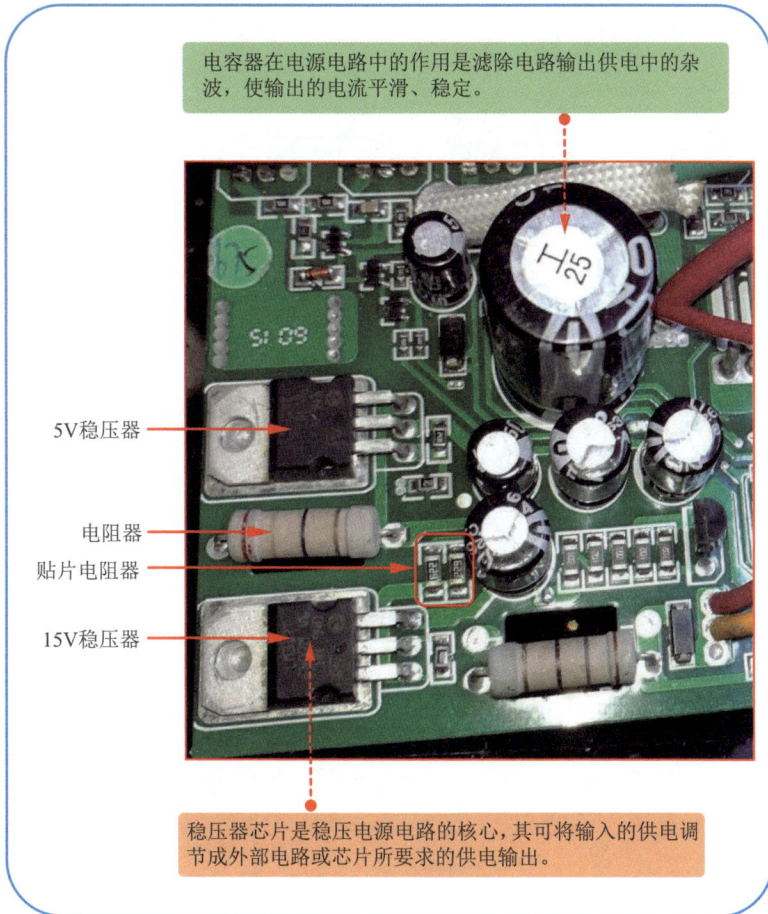

> 电容器在电源电路中的作用是滤除电路输出供电中的杂波，使输出的电流平滑、稳定。

5V稳压器

电阻器

贴片电阻器

15V稳压器

> 稳压器芯片是稳压电源电路的核心，其可将输入的供电调节成外部电路或芯片所要求的供电输出。

图2-5 电源电路的组成

2. 电源电路的工作原理

电源电路的工作原理如图2-6所示。

（1）IC7为三端稳压器LM317，它的Vin引脚为电压输入端，Vout引脚为电压输出端，输出的电压为15V；ADJ端为调节端，此端口通过电阻器R1和R2组成的反馈回路，实时检测输出端的电压，并将输出电压值反馈给稳压器内部的控制电路，由控制电路调整输出端的电压，以保证输出电压的稳定。

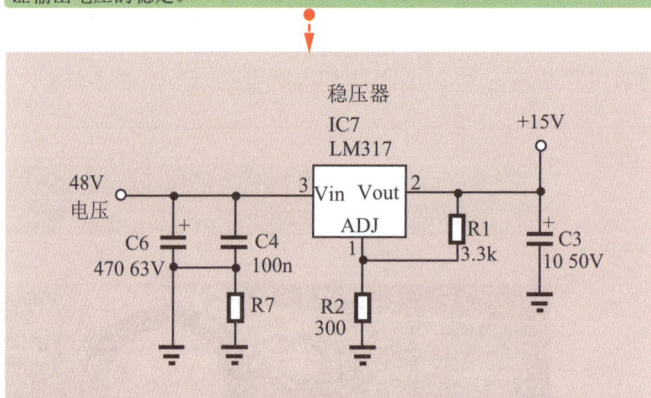

（2）当供电电路开始工作时，48V电压经过电容器C4和C6滤波后，进入稳压器LM317的输入端。经过LM317稳压处理后，从输出端输出15V电压。与此同时，由R1和R2组成的反馈电路实时检测输出的电压值，并反馈给稳压器LM317，经过进一步调整后，输出稳定的15V电压。

（3）5V供电电源电路的工作原理与15V供电电路原理一样，当15V电压经过电容器C3滤波后，进入稳压器LM78L05的输入端。然后经过LM78L05稳压处理后，输出5V电压。此电压经过C1和C2滤波电容器滤波后，输出稳定的5V电压为控制器电路供电。

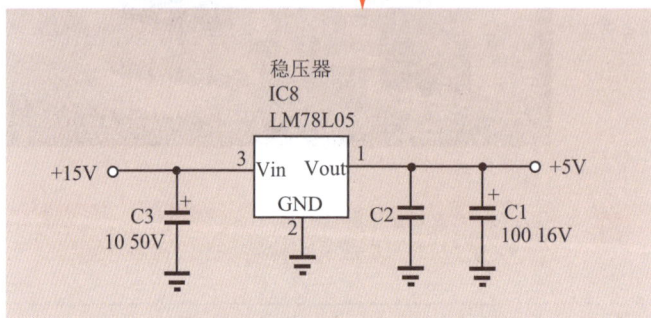

图2-6　电源电路的工作原理

2.1.5　驱动与输出电路工作原理

　　驱动与输出电路的作用是将主处理器芯片输出的脉冲信号经过驱动电路整形、放大后，控制输出电路中的MOS功率管的导通和截止，不断地输出电动机驱动信号，驱动电动机转动，如图2-7所示（注：本图电子版可在本书下载包中获取）。

（1）从主处理器芯片IC6（PIC16F72）第13引脚输出的PWM驱动控制信号被分为两路，一路经电阻器R53、电阻器R52、电容器C71载波（缩小占空比）后输出，相位不变，形成PWM信号，加到IC4（74HC08D）的第13引脚，同时IC6的第23、24、25引脚送来的相位开关信号加到IC4的第1、4、9引脚，然后IC4将PWM信号与相位开关信号进行逻辑合成，再以一定的逻辑顺序分别从IC4的第3、6、8引脚输出高电平信号，加到三极管Q1、Q2、Q3的基极，使这3个三极管导通，接着15V电压被加三极管T1、T4、T7的基极，使这3个三极管导通，从而使上桥臂场效应管V1、V3、V5按一定的逻辑顺序轮流导通工作，输出驱动电压加到电动机绕组的U、V、W端。

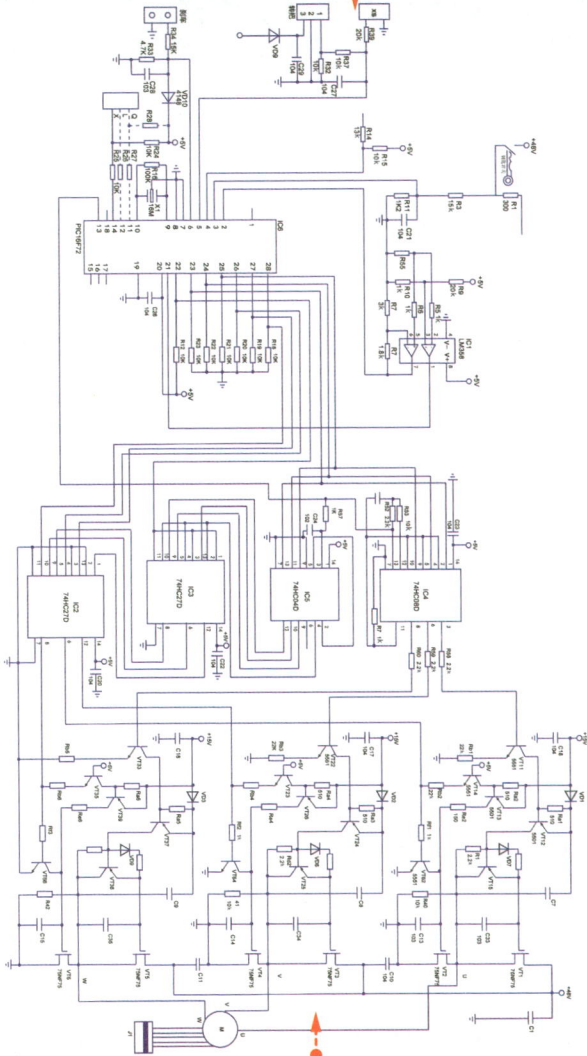

（2）另一路PWM驱动控制信号经电阻器R57、电容器C24加到反相器芯片IC5（74HC04D）的第1引脚，经反相形成PWM信号，由第4引脚输出到或非门芯片IC3（74HC27D）的第2、4、10引脚，与IC6第22引脚送来的同步续流信号比较后，由U3的第6、8、12引脚输出到或非门芯片IC2（74HC27D）的第1、9、10引脚，与IC6的第26、27、28引脚送来的相位开关信号进行合成，由IC2的第6、12、8引脚分别输出高电平，加到三极管N2、N4、N6的基极，使三极管N2、N4、N6导通，从而使3组下桥臂场效应管V2、V4、V6按一定的逻辑顺序轮流导通工作，使电流通过电动机绕组流回电源负极，从而得到模拟三相交流电，驱动电动机开始旋转。

图2-7　驱动与输出电路工作原理

2.1.6 保护电路工作原理

电动自行车中，常见的保护电路主要包括欠电压保护电路和限电流保护电路，其工作原理如图2-8所示（以无刷电动机为例）。

（1）欠电压保护电路主要是为防止蓄电池在低压下出现过放电现象而设计的。图中电池欠压检测输入电池电压经过电阻器R3和R11分压，电容器C21滤波后，加到主处理器芯片IC6的第3引脚，主处理器芯片据此信号判断电池电压是否过低。当电池电压降低到控制器设定值以下时，主处理器芯片IC6停止输出PWM控制信号，使驱动电路停止输出驱动信号，电动机停止转动，避免蓄电池因过放电而损坏。

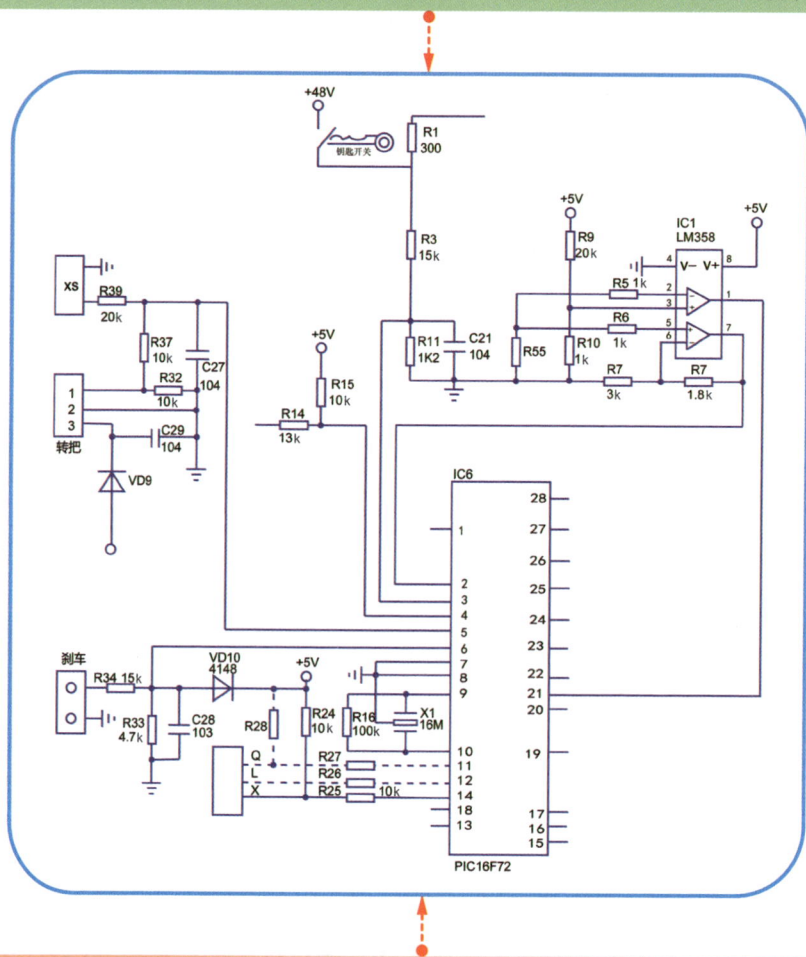

（2）限电流保护电路主要为防止电路中的电流超过额定电流,从而对控制器、电动机造成损坏。图中限电流保护电路由毫欧电阻器（康铜电阻器）R55、电流取样电阻R5和R6、运算放大器IC1（LM358）及主处理器芯片IC6等组成。由R55采样的电流信号经过电阻器R6送入运算放大器IC1（LM358）的第5引脚（同相输入端），经过放大，由第7引脚输出至主处理器芯片IC6的第2引脚，主处理器芯片根据该信号的高低控制输出的PWM脉冲信号的大小，从而控制功率管电流的高低。当电流正常时，运算放大器IC1第3引脚电压高于第2引脚。当电流由于某种原因突然增大到一定程度时，运算放大器IC1第2引脚电压高于第3引脚，第1引脚输出低电平，从而将主处理器芯片IC6第21引脚的过流保护端电位拉低，主处理器芯片IC6进入过流保护状态，停止输出PWM控制信号，对控制器输出的最大电流进行限制，以保护电池、控制器、电动机等不会出现超过允许范围的大电流，避免故障进一步扩大。

图2-8 保护电路工作原理

2.2　电动机的结构及工作原理

　　电动机是电动自行车的主要动力驱动部分，也就是电动自行车的心脏。电动机好坏直接影响着电动自行车的性能和正常运转。电动机的结构比较复杂，维修难度比较高，接下来将重点讲解电动机的结构、工作原理和维修方法。

2.2.1　看图识电动自行车的电动机

　　电动自行车中电动机的作用是将电源的电能转化为机械能，通过传动装置或直接驱动车轮和工作装置。目前电动自行车上广泛采用的电动机是无刷永磁电动机，无刷电动机主要是低速大力矩电动机，没有传动齿轮，避免了机械磨损，运行中几乎没有噪声，不过无刷电机启动电流冲击较大，控制系统结构复杂，如图2-9所示。

图2-9　电动自行车的电动机

2.2.2　电动机的组成结构

电动自行车中的电动机主要采用的是无刷直流电动机，该电动机主要由用永磁材料制造的转子、带有线圈绕组的定子和霍尔位置传感器组成，如图2-10所示。

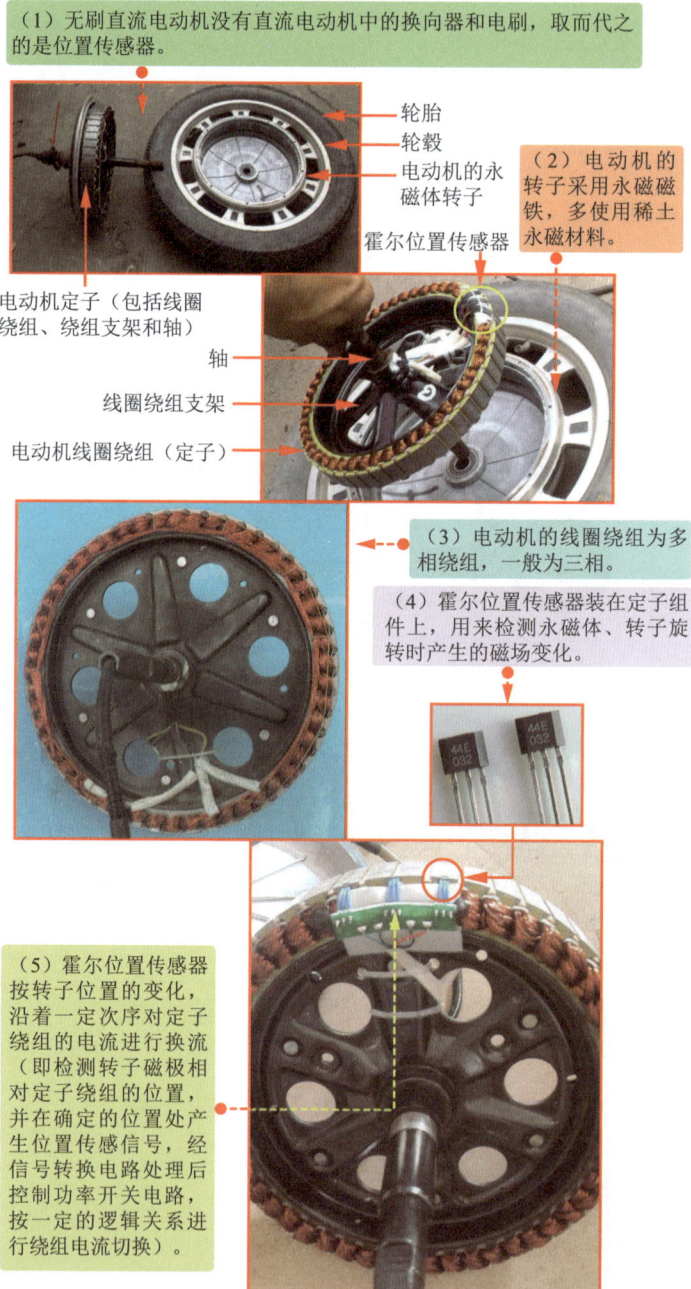

（1）无刷直流电动机没有直流电动机中的换向器和电刷，取而代之的是位置传感器。

轮胎
轮毂
电动机的永磁体转子
霍尔位置传感器

（2）电动机的转子采用永磁磁铁，多使用稀土永磁材料。

电动机定子（包括线圈绕组、绕组支架和轴）
轴
线圈绕组支架
电动机线圈绕组（定子）

（3）电动机的线圈绕组为多相绕组，一般为三相。

（4）霍尔位置传感器装在定子组件上，用来检测永磁体、转子旋转时产生的磁场变化。

（5）霍尔位置传感器按转子位置的变化，沿着一定次序对定子绕组的电流进行换流（即检测转子磁极相对定子绕组的位置，并在确定的位置处产生位置传感信号，经信号转换电路处理后控制功率开关电路，按一定的逻辑关系进行绕组电流切换）。

图2-10　电动机的组成结构

2.2.3　电动机的工作原理

由于电动自行车的电动机主要为无刷直流永磁电动机，下面重点讲解无刷直流永磁电动机的工作原理，如图2-11所示。

（1）无刷直流电动机的定子是线圈绕组，转子是永磁体。如果只给电动机通以固定的直流电流，则电动机只能产生不变的磁场，无法转动。只有实时检测电动机转子的位置，再根据转子的位置给电动机的不同相通以对应的电流，使定子产生方向均匀变化的旋转磁场，电动机才可以跟着磁场转动起来。

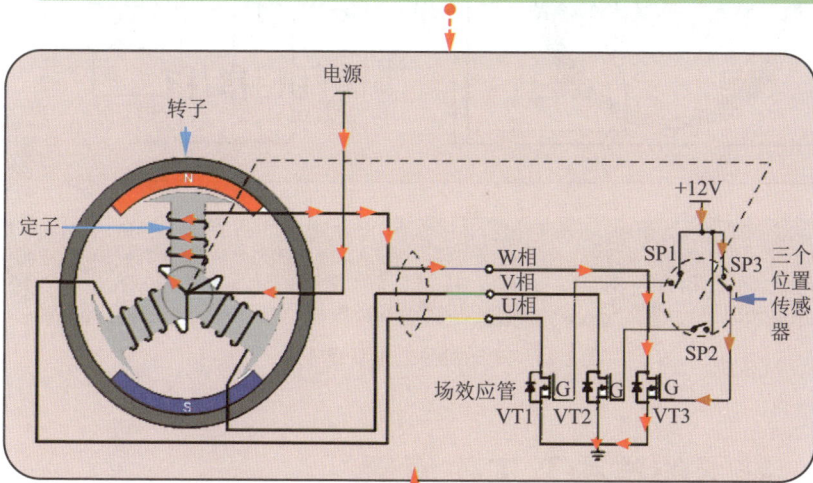

（2）电动机定子的线圈中心轴头接电动机电源，U相、V相、W相的端点分别接场效应管VT1、VT2、VT3。当位置传感器SP3导通时，使场效应管VT1的G极接通12V电源，变为高电平，此时相连的场效应管VT3会导通，对应的W相线圈被通电，转子转动一个

（3）当转子转动一个角度后，位置传感器SP2导通，使场效应管VT2的G极接通12V电源，变为高电平，此时场效应管VT2会导通，对应的V相线圈被通电，转子继续转动。

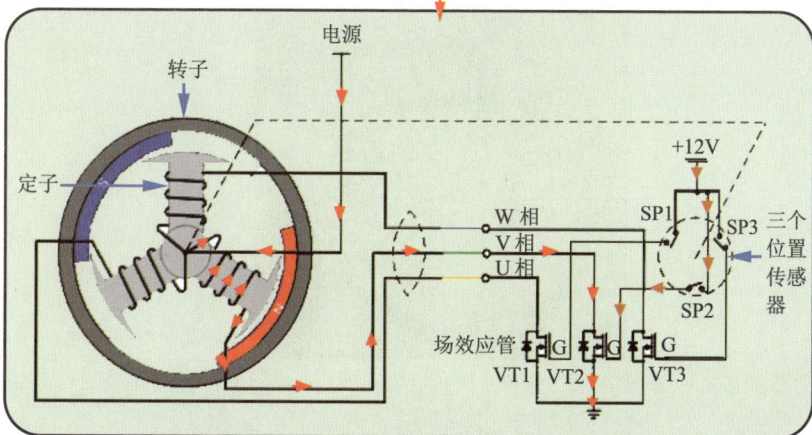

图2-11　电动机的工作原理

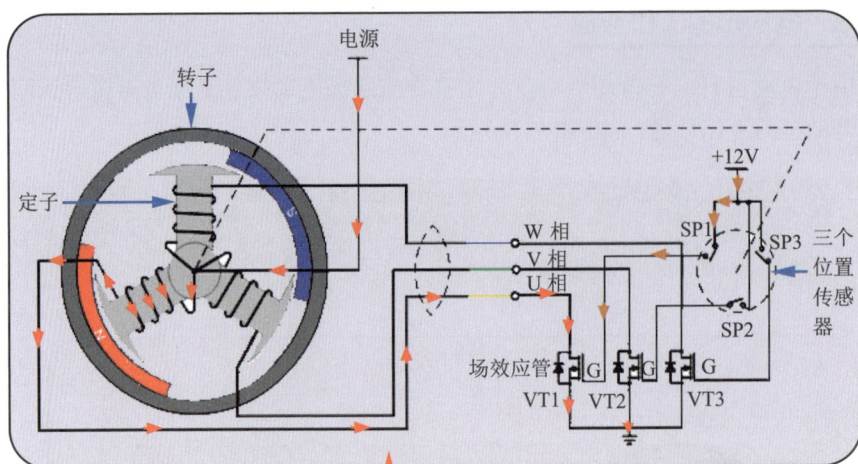

> （4）当转子转动一个角度后，位置传感器SP1导通，使场效应管VT1的 G极接通12V电源，变为高电平，此时相连的场效应管VT1会导通，对应的U相线圈通电，转子继续转动。如此三个位置传感器随着转子的转动，不断依次导通，使得对应的相线圈也依次通电，从而定子产生的磁场方向也不断变化，电动机转子也跟着转动起来。

图2-11　电动机的工作原理（续）

2.3　转把的结构及工作原理

电动自行车的转把主要起控速作用，一般安装在车把的右手位置，骑行时转动转把即可控制车速。转把主要由手柄、磁钢、霍尔元器件、弹簧、引线和塑料件等组成，如图2-12所示。

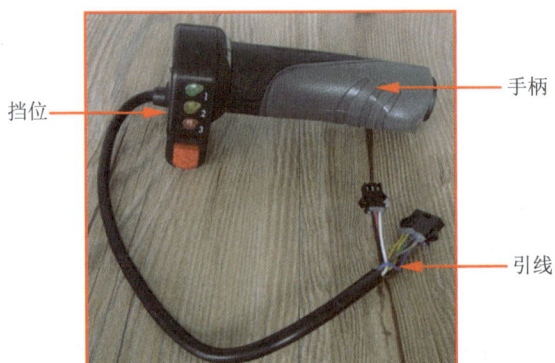

图2-12　转把

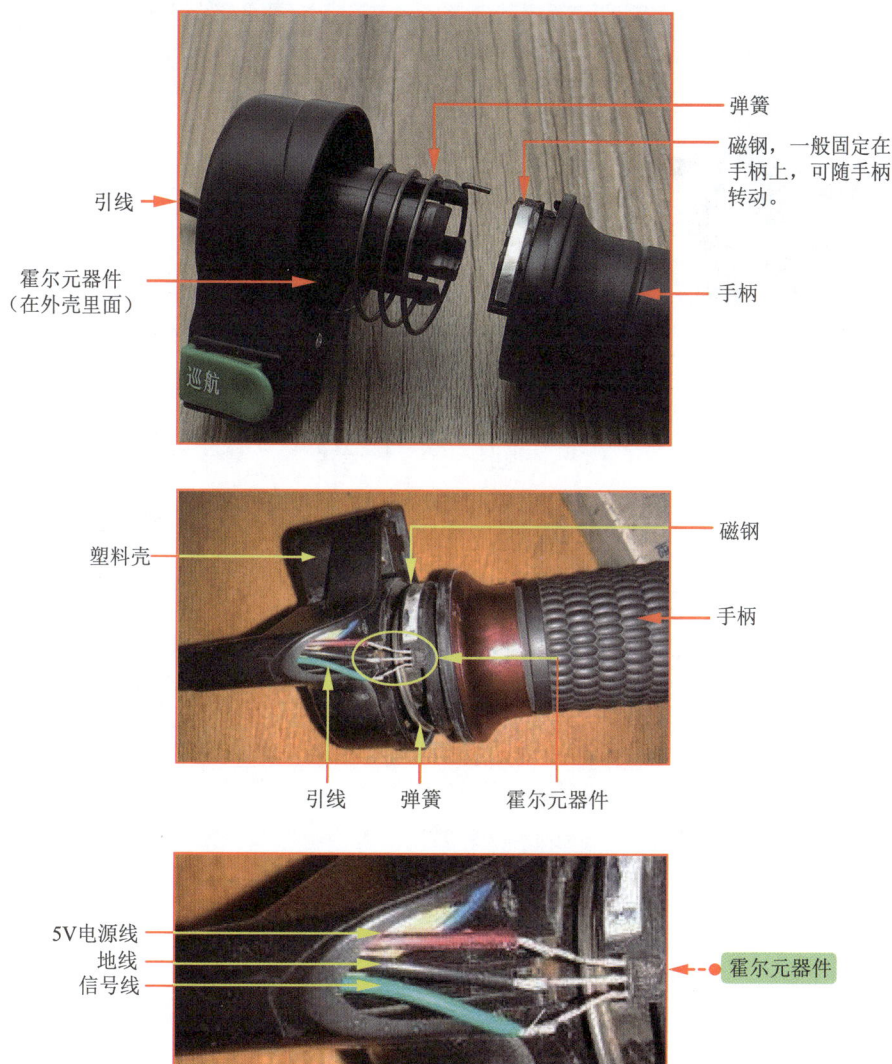

弹簧

磁钢，一般固定在
手柄上，可随手柄
转动。

引线

霍尔元器件
（在外壳里面）

手柄

塑料壳

磁钢

手柄

引线　　弹簧　　霍尔元器件

5V电源线
地线
信号线

霍尔元器件

图2-12　转把（续）

　　转把中的霍尔元器件通常粘接在转把里圈，固定在车把上，而与其对应的磁钢粘在转把的手柄上，可随手柄转动。转把输出电压大小，取决于霍尔元器件周围磁场的强度。转动转把即转动磁钢，也会改变磁场，霍尔元器件发出传感信号给控制器，然后通过控制器控制电动机的转速，工作原理如图2-13所示。

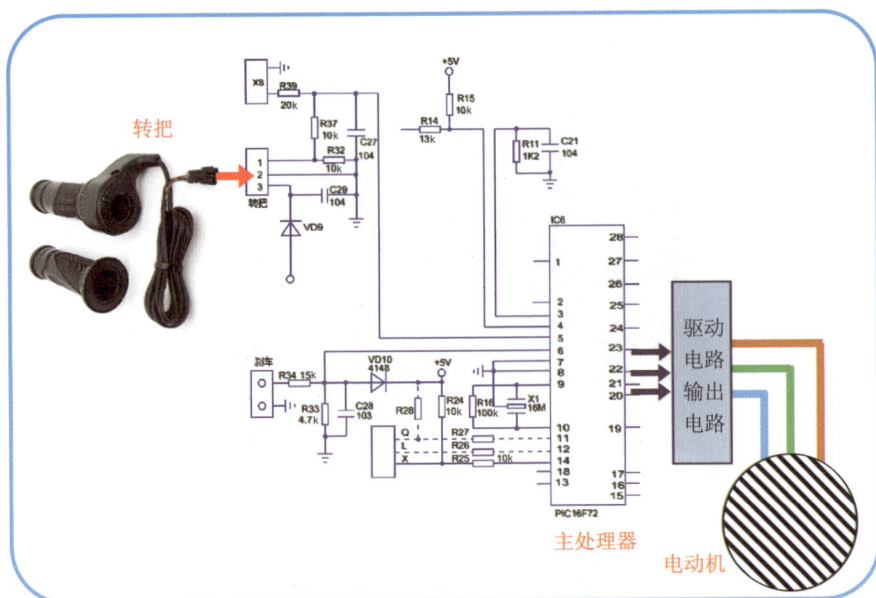

转动转把时，转把中的霍尔元器件产生1.2V～4.2V转速控制电压，此电压通过电阻器R37和R32分压，电容器C27滤波后，输入到主处理器芯片IC6的第5引脚。主处理器芯片根据此控制电压，输出PWM控制信号，经驱动电路处理后，驱动电动机转动。随着不断地旋紧转把，霍尔元器件产生更大的电压，经过主处理器芯片、驱动电路和输出电路处理后，驱动电动机转动得更快。反之，松开转把时，电动机转速变慢。从而达到调节电动机转速的目的。

图2-13　转把工作原理

2.4　闸把的结构及工作原理

闸把是车轮制动和制动断电开关的手柄。闸把主要由闸把手柄、转轴、闸线、微动开关、引线等组成，如图2-14所示。

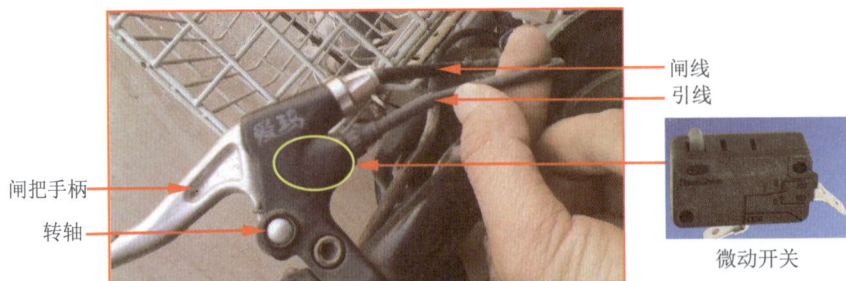

图2-14　闸把结构

电动自行车闸把分为机械闸把（采用微动开关）和电子闸把（采用霍尔开关），

其中机械闸把又分为机械常开型和常闭型两种，目前广泛使用的是常开型闸把。闸把通常有两根引线，一般红线（或黄线）接电源正极的5V电压，黑线为接地线。

闸把的工作原理如图2-15所示。

（1）闸把的工作方式有两种，一种是刹车时信号电平为低电平，另一种为高电平。低电平刹车信号的闸把，不捏闸把信号线上无电压，捏闸把时在信号线上产生一个约3.5V的电压信号并传给控制器。高电平刹车信号的闸把，不捏闸把信号线上有一个约3.5V的电压，捏闸把时在信号线上的电压信号变为0，并传给主处理器芯片。

（2）电动自行车正常行驶过程中，握住闸把手柄时，闸把手柄位置产生变化，使微动开关触头被弹起，之后由微动开关触头产生刹车信号。刹车信号经电阻器R34和R33分压后，输入到主处理器芯片IC6的第7引脚，正常行驶时，主处理器芯片IC6的第7引脚为高电平，当刹车时，IC6的第7引脚电平被拉低，此时主处理器芯片IC6检测到刹车信号，停止输出PWM控制信号，驱动电路停止输出驱动电压，电动机停转，达到刹车断电功能。同时，闸把围绕转轴转动，闸线拉动车闸，从而使车轮减慢或停止转动。

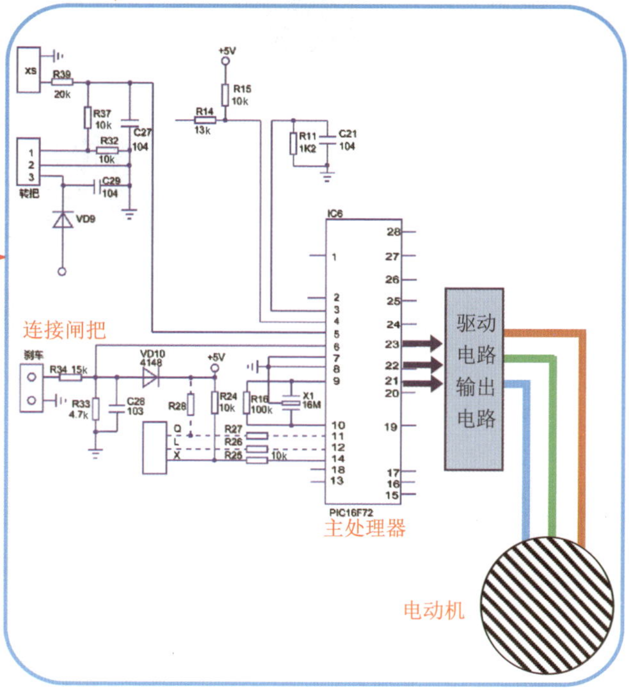

图2-15　闸把的工作原理

2.5 蓄电池的结构及工作原理

蓄电池是一种化学电源，将化学能转变为电能，属于可逆直流电源。其靠内部化学反应储存电能或向用电设备供电。蓄电池是电动自行车的动力来源，其质量直接影响电动自行车的续航里程。下面详细讲解电动自行车蓄电池的结构及工作原理。

2.5.1 蓄电池的分类

电动自行车的蓄电池种类主要包括铅酸蓄电池、锂蓄电池、镍镉蓄电池、镍氢蓄电池等，其中目前使用较多的是铅酸蓄电池和锂蓄电池，如图2-16所示。表2-1所示为各种蓄电池的优缺点。

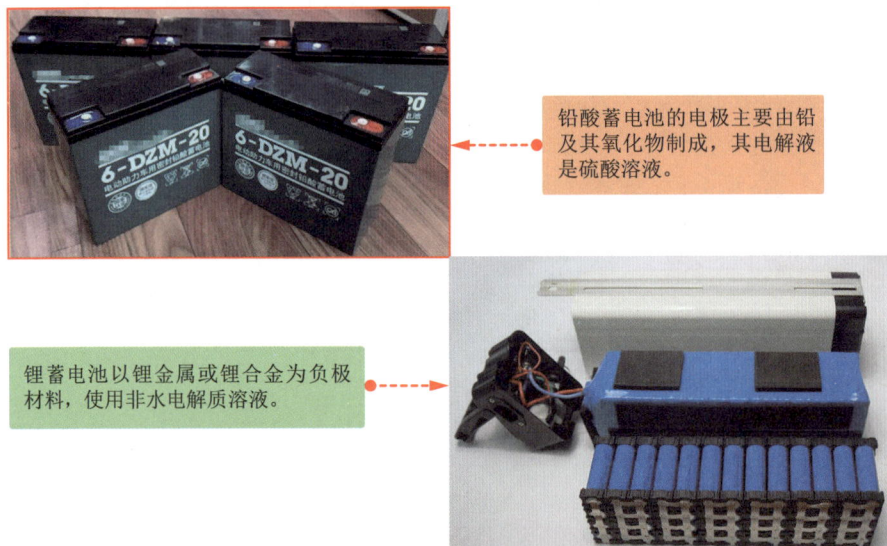

铅酸蓄电池的电极主要由铅及其氧化物制成，其电解液是硫酸溶液。

锂蓄电池以锂金属或锂合金为负极材料，使用非水电解质溶液。

图2-16　电动自行车蓄电池的种类

表2-1　各种蓄电池对比

类　　型	优　　点	缺　　点	适 用 车 辆
铅酸蓄电池	结构简单、价格便宜、电压稳定，具有承受大电流放电的能力	比容量小，使用寿命相对较短	电动自行车
锂蓄电池	能量密度高、小巧轻便、环保、循环寿命长	价格较高、对环境敏感、安全性较差	电动自行车、电动汽车
镍镉蓄电池	重量轻、使用寿命长、维护简单，可承受大电流放电而不易损坏	价格较高、容量较低、有记忆效应	一般较少使用
镍氢蓄电池	能量密度高、较长的循环寿命、较低的环境影响	价格较高、自放电率高、低温下性能受限	电动自行车、电动汽车

2.5.2　蓄电池的结构

下面以电动自行车常用的铅酸蓄电池和锂蓄电池为例讲解蓄电池的结构。

1. 铅酸蓄电池的结构

蓄电池主要由极板、隔板、电解液、外壳、铅连接条、极柱等组成，如图2-17所示。

（1）极板。极板是蓄电池的核心部分，蓄电池充、放电的化学反应主要是依靠极板上的活性物质与电解液进行的。极板分正极板和负极板，由栅架和活性物质组成。

（2）隔板。隔板插放在正、负极板之间，防止正、负极板互相接触造成短路。隔板耐酸，具有多孔性，以利于电解液的渗透。常用的隔板材料有木质、微孔橡胶和微孔塑料等。微孔塑料隔板孔径小、孔率高、成本低，因此被广泛采用。

负极柱　　正极柱

（3）电解液。电解液在蓄电池的化学反应中，起到离子间导电的作用，并参与蓄电池的化学反应。电解液由纯硫酸与蒸馏水按一定比例配制而成，其密度一般为$1.24 \sim 1.31 g/cm^3$。

（4）壳体。壳体用于盛放电解液和极板组，应该耐酸、耐热、耐震。壳体多采用硬橡胶或聚丙烯塑料制成，为整体式结构。壳内由间壁分成3个或6个互不相通的单格，各单格之间用铅连接条串联起来。

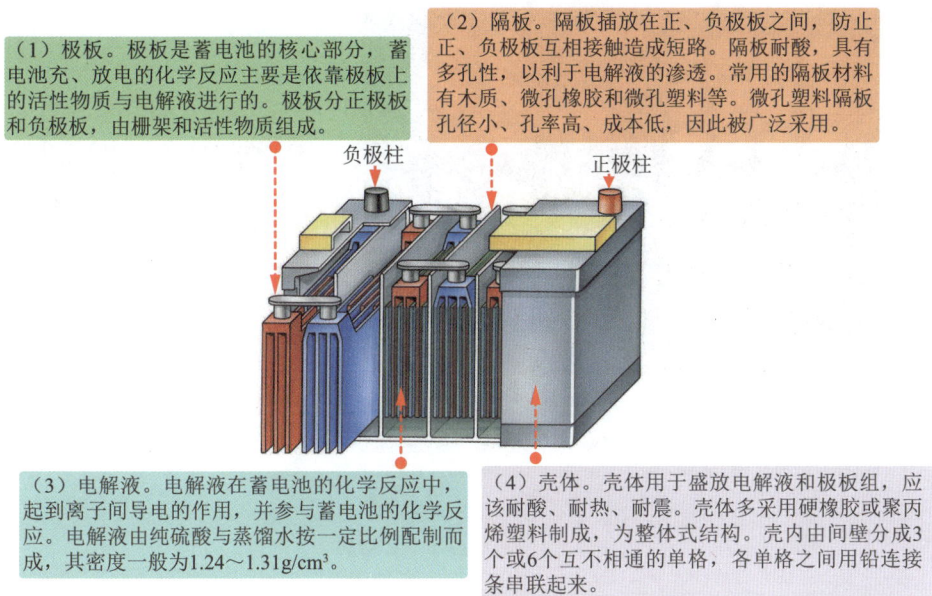

图2-17　蓄电池的结构

2．锂蓄电池的结构

锂蓄电池主要由外壳、充电口、电芯、电池管理电路板等组成，如图2-18所示。

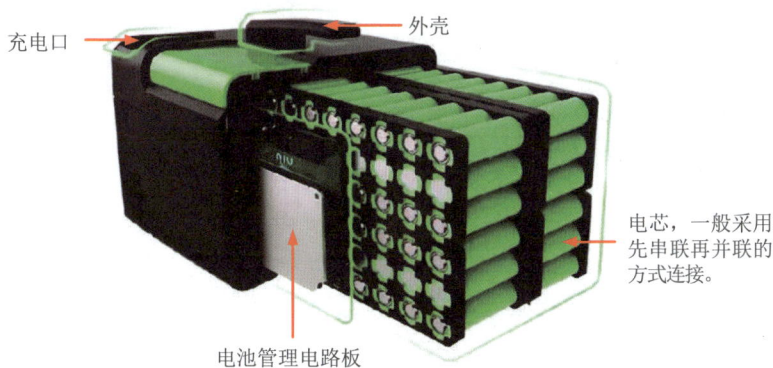

充电口　　　　　　　外壳

电芯，一般采用先串联再并联的方式连接。

电池管理电路板

图2-18　锂蓄电池的结构

2.5.3　蓄电池的工作原理

下面以电动自行车常用的铅酸蓄电池和锂蓄电池为例讲解蓄电池的工作原理。

1．锂蓄电池工作原理

锂蓄电池的工作原理即锂离子电池的充放电原理，它是通过锂离子在层状物质的晶体中的出入，发生能量变化，如图2-19所示。

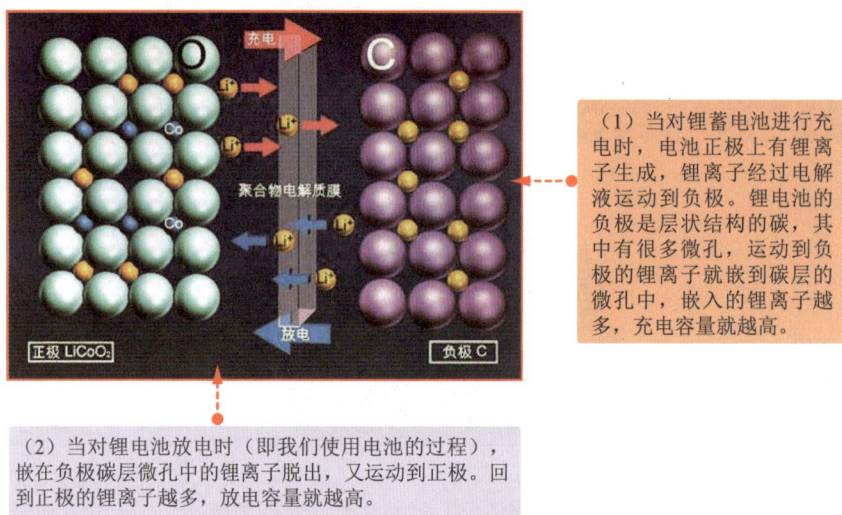

（1）当对锂蓄电池进行充电时，电池正极上有锂离子生成，锂离子经过电解液运动到负极。锂电池的负极是层状结构的碳，其中有很多微孔，运动到负极的锂离子就嵌到碳层的微孔中，嵌入的锂离子越多，充电容量就越高。

（2）当对锂电池放电时（即我们使用电池的过程），嵌在负极碳层微孔中的锂离子脱出，又运动到正极。回到正极的锂离子越多，放电容量就越高。

图2-19　锂蓄电池工作原理

蓄电池的工作过程可以分为充电过程和放电过程两个部分，如图2-20所示。

（1）电池放电：当铅蓄电池的正、负极板浸入电解液中时，在正、负极板间就会产生约2.1V的静止电动势，此时若接入负载，在电动势的作用下，电流就会从蓄电池的正极经外电路流向蓄电池的负极，这一过程称为放电，蓄电池的放电过程是化学能转变为电能的过程。放电时，正极板上的PbO_2和负极板上的Pb，都与电解液中的H_2SO_4反应生成硫酸铅（$PbSO_4$），沉附在正、负极板上。电解液中H_2SO_4不断减少，密度下降。

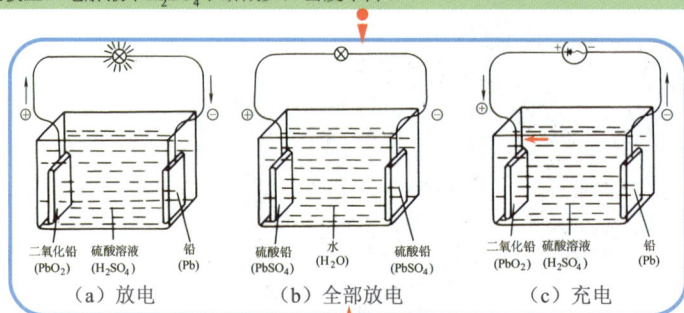

（a）放电　（b）全部放电　（c）充电

（2）电池充电：充电时，蓄电池的正、负极分别与直流电源的正、负极相连，当充电电源的端电压高于蓄电池的电动势时，在电场的作用下，电流从蓄电池的正极流入，负极流出，这一过程称为充电。蓄电池充电过程是电能转换为化学能的过程。充电时，正、负极板上的$PbSO_4$还原成PbO_2和Pb，电解液中的H_2SO_4增多，密度上升。

（3）当充电接近终了时，$PbSO_4$已基本还原成PbO_2和Pb，这时，过剩的充电电流将电解水，使正极板附近产生O_2从电解液中逸出，负极板附近产生H_2从电解液中逸出，电解液液面高度降低。因此，铅蓄电池需要定期补充蒸馏水。

图2-20　铅酸蓄电池的工作过程

2.6　充电器的结构及工作原理

电动自行车充电器是专门为电动自行车的蓄电池配置的充电装置。它主要将交流220V电压转换成蓄电池需要的直流电（如36V、48V、64V直流电）。

2.6.1　看图识电动自行车的充电器

电动自行车充电器实际上就是一个开关电源加上一个检测电路，如图2-21所示。

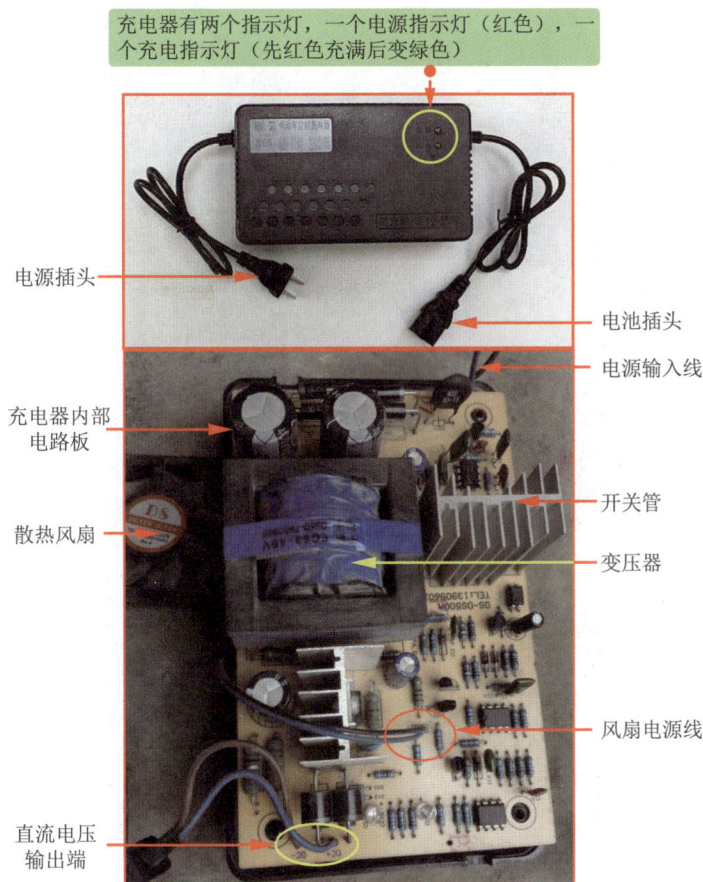

充电器有两个指示灯，一个电源指示灯（红色），一个充电指示灯（先红色充满后变绿色）

电源插头

电池插头

电源输入线

充电器内部电路板

开关管

散热风扇

变压器

风扇电源线

直流电压输出端

图2-21　充电器

2.6.2　充电器的组成结构

充电器主要由外壳、电源线、电路板、散热风扇等组成。而充电器电路主要由整流滤波电路、开关管、开关变压器、充电控制电路等组成，如图2-22所示。

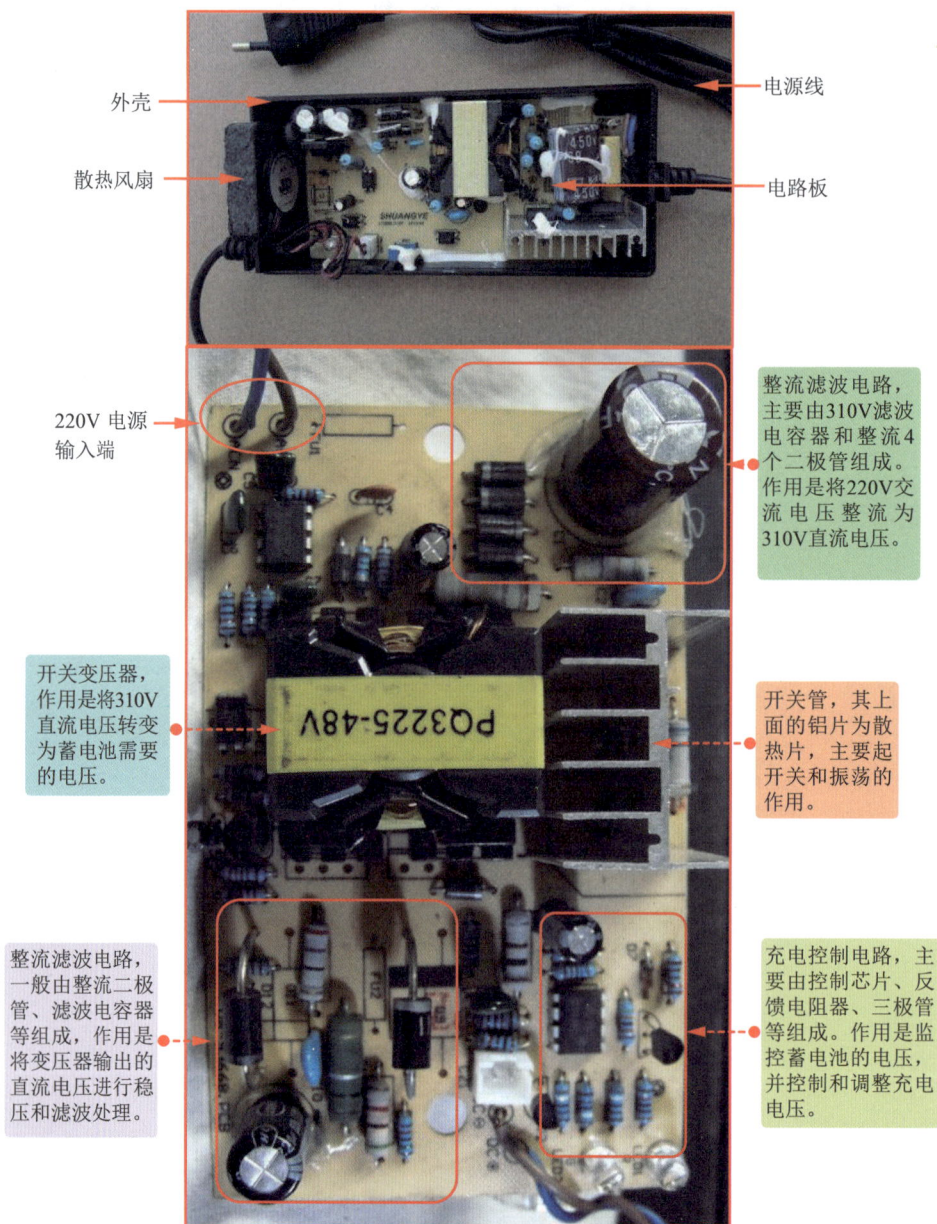

外壳

散热风扇

电源线

电路板

220V 电源
输入端

整流滤波电路，主要由310V滤波电容器和整流4个二极管组成。作用是将220V交流电压整流为310V直流电压。

开关变压器，作用是将310V直流电压转变为蓄电池需要的电压。

开关管，其上面的铝片为散热片，主要起开关和振荡的作用。

整流滤波电路，一般由整流二极管、滤波电容器等组成，作用是将变压器输出的直流电压进行稳压和滤波处理。

充电控制电路，主要由控制芯片、反馈电阻器、三极管等组成。作用是监控蓄电池的电压，并控制和调整充电电压。

图2-22　充电器的组成结构

2.6.3　充电器的工作原理

充电器的工作过程一般分两阶段充电模式与三阶段充电模式两种。

两阶段充电模式下，先恒压充电，充电电流随电池电压的上升逐渐减小，当蓄电池电量补充到一定程度以后，蓄电池电压才会上升到充电器的设定值，此时转换为涓流充电。

三阶段充电模式下，充电开始时，先恒流充电，迅速给电池补充能量，等电池电压上升以后，转为恒压充电，缓慢补充电池能量，电池电压继续上升，达到充电器的充电终止电压值时，转为涓流充电，以较小的电流继续充电，这样可以避免过充，并使电池电量达到更高的饱和度。目前大多数电动自行车的充电器都采用三阶段充电模式。

充电器电路的工作原理如图2-23所示。

（1）220V交流电经过抑制干扰和整流滤波电路处理后，变为稳定的310V直流电压。此直流电压经过降压滤波处理后为充电控制电路供电，同时流过开关管和变压器的初级绕组。当电源控制芯片发出PWM控制信号后，开关管有规律地开启和关闭。这时在变压器次级绕组感应出直流电压。此直流电压经过整流滤波电路处理后，输出蓄电池充电需要的直流电压。

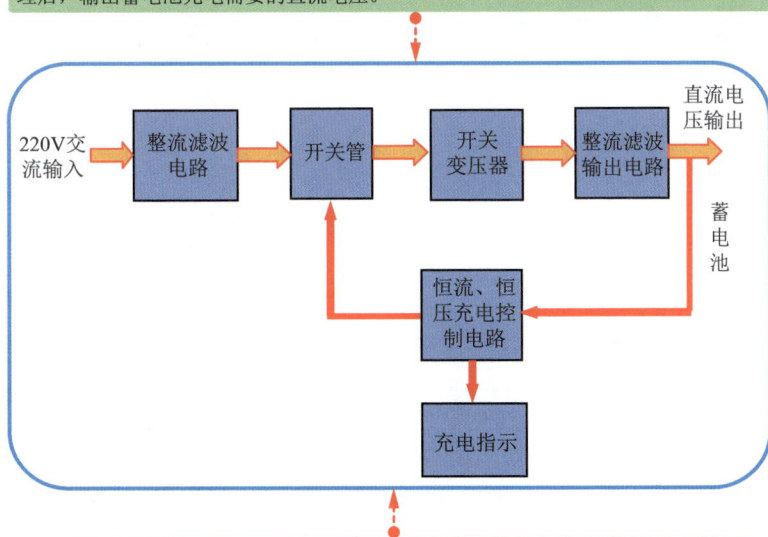

220V交流输入 → 整流滤波电路 → 开关管 → 开关变压器 → 整流滤波输出电路 → 直流电压输出

蓄电池

恒流、恒压充电控制电路

充电指示

（2）与此同时，反馈电路将输出的电流、电压反馈给充电控制电路，充电控制电路根据反馈信号调整输出的PWM控制信号，调整开关管开启和关闭的时间，以调整输出的电压和电流大小，满足不同阶段的充电电压和充电电流。

图2-23　充电器工作原理

第 3 章

电动自行车维修工具及仪表操作方法

工欲善其事，必先利其器；要掌握电动自行车维修技术，首先要学会基本检测维修工具的使用方法。本章会重点讲解维修电动自行车常用的工具（如万用表、修车宝、测试仪等）的使用方法。

3.1 万用表操作方法

万用表是一种多功能、多量程的测量仪表，可测量直流电流、直流电压、交流电流、交流电压、电阻和音频电平等，是电工和电子维修中必备的测试工具。万用表有很多种，目前常用的有指针万用表和数字万用表两种，如图3-1所示。

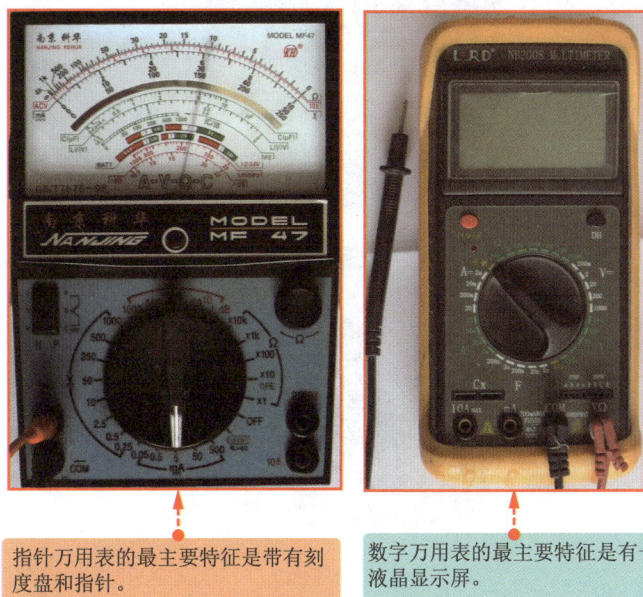

指针万用表的最主要特征是带有刻度盘和指针。

数字万用表的最主要特征是有一块液晶显示屏。

图3-1 万用表

3.1.1 数字万用表的结构

数字万用表具有显示清晰、读取方便、灵敏度高、准确度高、过载能力强、便于携带和使用方便等优点。数字万用表主要由液晶显示屏、挡位选择钮、表笔插孔及三极管插孔等组成，如图3-2所示。

其中，功能旋钮可以将万用表的挡位在电阻挡（Ω）、交流电压挡（V~）、直流电压挡（V—）、交流电流挡（A~）、直流电流挡（A—）、温度挡（℃）和二极管挡之间转换；COM插孔用来插黑表笔，A、mA、VΩHz℃插孔用来插红表笔。测量电压、电阻、频率和温度时，红表笔插VΩHz℃插孔；测量电流时，根据电流大小红表笔插A或mA插孔；温度传感器插孔用来插温度传感器表笔；三极管插孔用来插三极管，用来检测三极管的极性和放大系数。

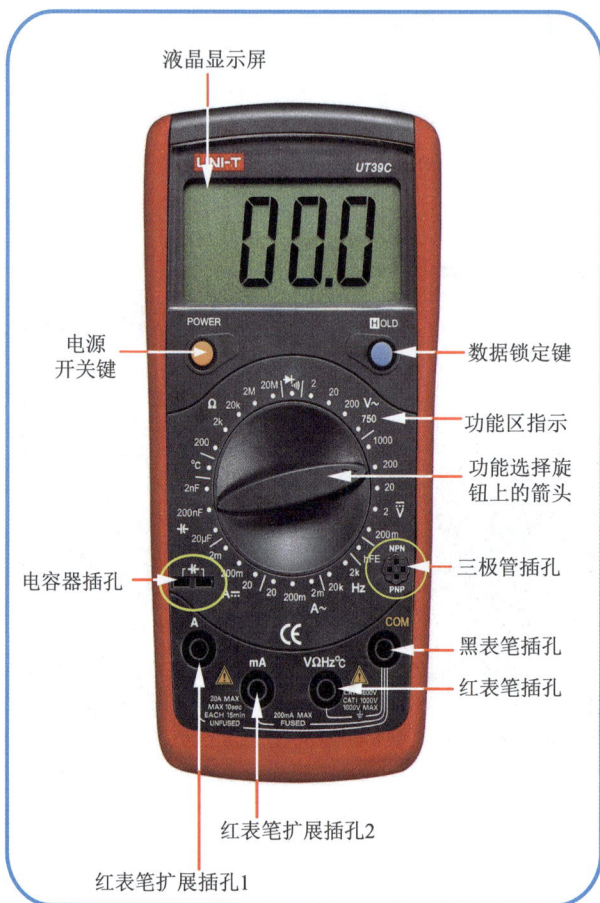

图3-2　数字万用表的结构

3.1.2　指针万用表的结构

　　指针万用表可以显示出所测电路连续变化的情况，其电阻挡的测量电流较大，特别适合在路检测电子元器件。图3-3所示为指针万用表表体，其主要由功能旋钮、欧姆调零旋钮、表笔插孔及三极管插孔组成。其中，功能旋钮可以将万用表的挡位在电阻挡（Ω）、交流电压挡（V~）、直流电压挡（V—）、交流电流挡（A~）、直流电流挡（A—）之间进行转换；COM插孔用来插黑表笔，+、10A、2 500V插孔用来插红表笔，测量1 000V以内电压、电阻、500mA以内电流时，红表笔插"+"插孔，测量500mA以上电流时，红表笔插10A插孔；测量1 000V以上电压时，红表笔插2 500V插孔；三极管插孔用来插三极管欧姆调零旋钮用来给欧姆挡置零。

表盘

机械调零旋钮

三极管插孔

欧姆调零旋钮

功能分区及量程挡

功能旋钮

红色表笔插孔

红色表笔扩展插孔1

黑色表笔插孔

红色表笔扩展插孔2

图3-3　指针万用表的表体

如图3-4所示为指针万用表表盘，表盘由表头指针、刻度和机械调零旋钮等组成。

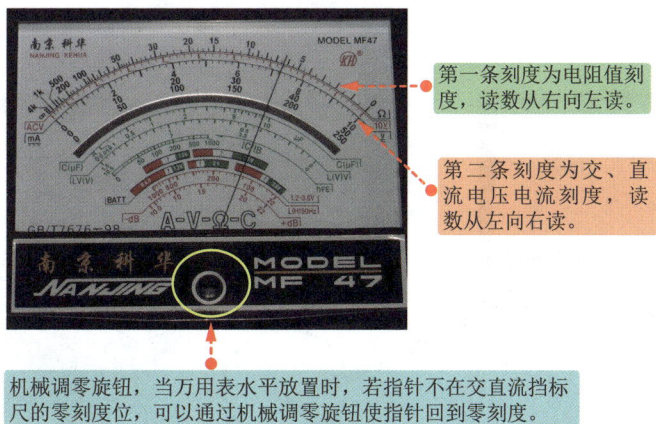

第一条刻度为电阻值刻度，读数从右向左读。

第二条刻度为交、直流电压电流刻度，读数从左向右读。

机械调零旋钮，当万用表水平放置时，若指针不在交直流挡标尺的零刻度位，可以通过机械调零旋钮使指针回到零刻度。

图3-4　指针万用表表盘

3.1.3　指针万用表量程的选择方法

使用指针万用表测量时，第一步要选择合适的量程，这样才能测量准确。指针万用表量程的选择方法如图3-5所示（以测量电阻值为例）。

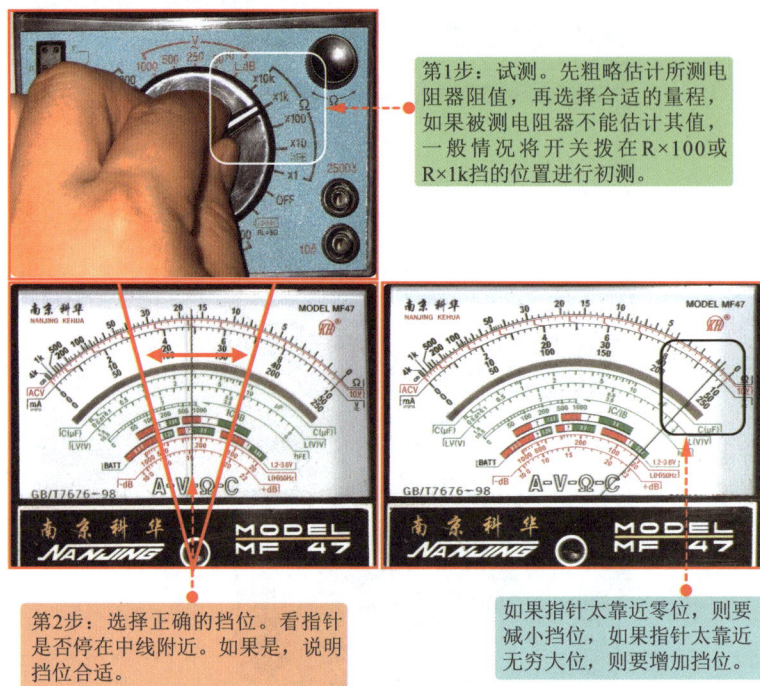

第1步：试测。先粗略估计所测电阻器阻值，再选择合适的量程，如果被测电阻器不能估计其值，一般情况将开关拨在R×100或R×1k挡的位置进行初测。

第2步：选择正确的挡位。看指针是否停在中线附近。如果是，说明挡位合适。

如果指针太靠近零位，则要减小挡位，如果指针太靠近无穷大位，则要增加挡位。

图3-5　指针万用表量程的选择方法

3.1.4　指针万用表的欧姆调零方法

量程选准以后，在正式测量之前必须进行欧姆调零，如图3-6所示。

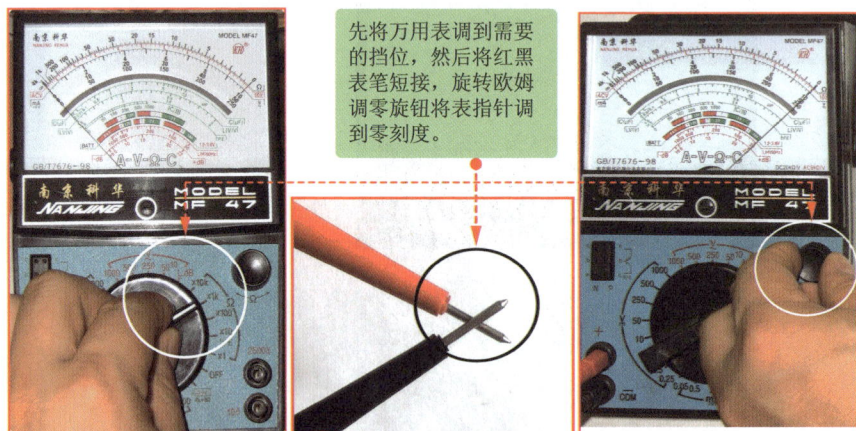

先将万用表调到需要的挡位，然后将红黑表笔短接，旋转欧姆调零旋钮将表指针调到零刻度。

图3-6　指针万用表的欧姆调零

注意：如果重新换挡，测量之前也必须调零一次。

3.1.5　用指针万用表测电阻器阻值

用指针万用表测电阻的方法如图3-7所示。

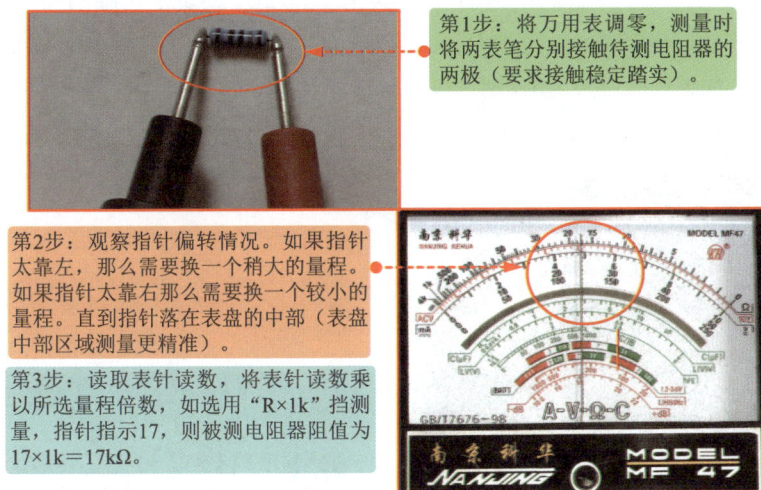

第1步：将万用表调零，测量时将两表笔分别接触待测电阻器的两极（要求接触稳定踏实）。

第2步：观察指针偏转情况。如果指针太靠左，那么需要换一个稍大的量程。如果指针太靠右那么需要换一个较小的量程。直到指针落在表盘的中部（表盘中部区域测量更精准）。

第3步：读取表针读数，将表针读数乘以所选量程倍数，如选用"R×1k"挡测量，指针指示17，则被测电阻器阻值为17×1k＝17kΩ。

图3-7　用指针万用表测电阻器阻值

3.1.6　用数字万用表测量直流电压

用数字万用表测量直流电压的方法如图3-8所示。

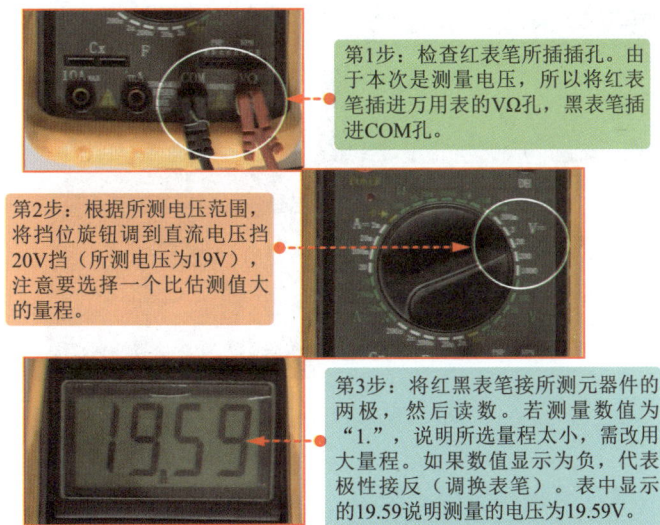

第1步：检查红表笔所插插孔。由于本次是测量电压，所以将红表笔插进万用表的VΩ孔，黑表笔插进COM孔。

第2步：根据所测电压范围，将挡位旋钮调到直流电压挡20V挡（所测电压为19V），注意要选择一个比估测值大的量程。

第3步：将红黑表笔接所测元器件的两极，然后读数。若测量数值为"1."，说明所选程量太小，需改用大量程。如果数值显示为负，代表极性接反（调换表笔）。表中显示的19.59说明测量的电压为19.59V。

图3-8　用数字万用表测量直流电压

3.1.7　用数字万用表测量二极管

用数字万用表测量二极管的方法如图3-9所示。

提示：一般锗二极管的压降约为0.15～0.3V，硅二极管的压降约为0.5～0.7V，发光二极管的压降约为1.8～2.3V。如果测量的二极管正向压降超出这个范围，则二极管损坏。如果反向压降为0，则二极管被击穿。

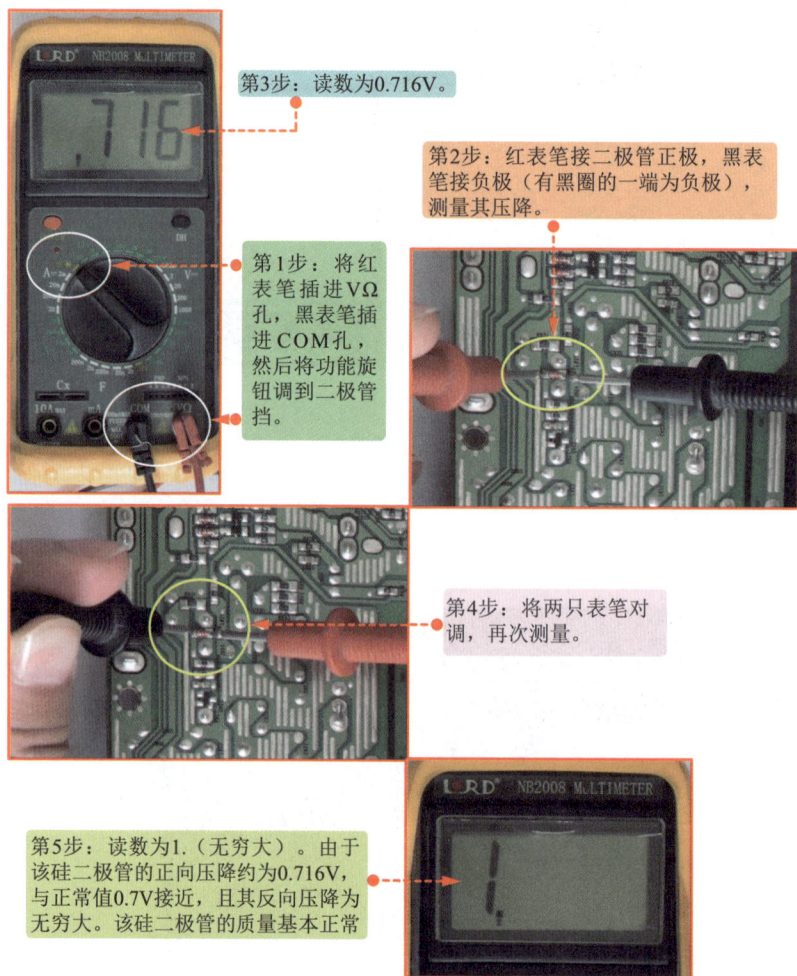

第3步：读数为0.716V。

第2步：红表笔接二极管正极，黑表笔接负极（有黑圈的一端为负极），测量其压降。

第1步：将红表笔插进VΩ孔，黑表笔插进COM孔，然后将功能旋钮调到二极管挡。

第4步：将两只表笔对调，再次测量。

第5步：读数为1.（无穷大）。由于该硅二极管的正向压降约为0.716V，与正常值0.7V接近，且其反向压降为无穷大。该硅二极管的质量基本正常。

图3-9　用数字万用表测量二极管

3.1.8　用数字万用表测量直流电流

使用数字万用表测量直流电流的方法如图3-10所示。

提示：交流电流的测量方法与直流电流的测量方法基本相同，不过需将旋钮拨到交流挡位。

第1步：将黑表笔插进COM孔。若待测电流估测大于200mA，则将红表笔插进10A插孔，并将功能旋钮调到直流20A挡；若待测电流估测小于200mA，则将红表笔插进200mA插孔，并将功能旋钮调到直流200mA以内量程。

第2步：将万用表串联接入电路中，使电流从红表笔流入，黑表笔流出，保持稳定。

第3步：读数，若显示为"1."，则表明量程太小需要加大量程，本次测得的电流大小为4.64A。

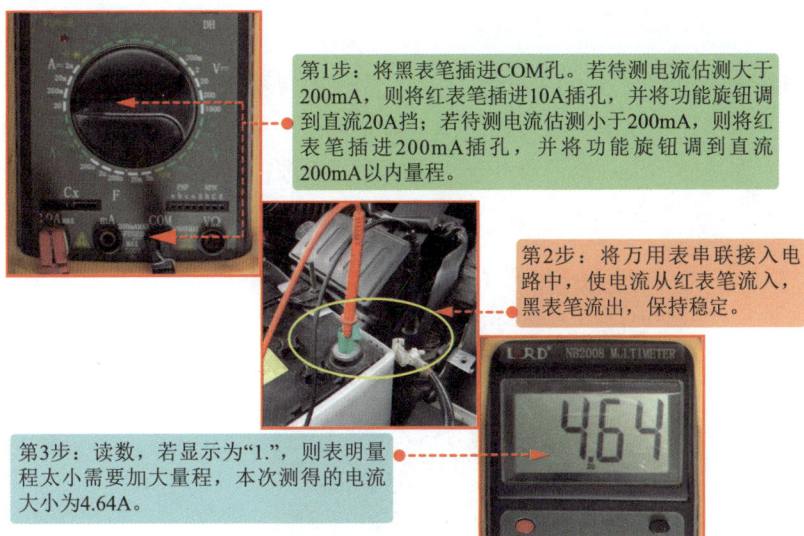

图3-10　用数字万用表测量直流电流

3.2　修车宝操作方法

电动自行车修车宝可以检测控制器、电动机相线、霍尔元器件、转把及刹车开关等零部件是否有故障，修车宝如图3-11所示。

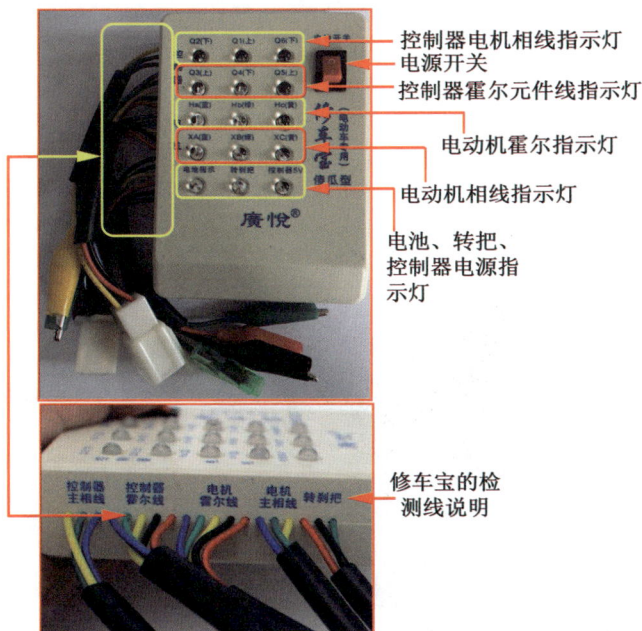

控制器电机相线指示灯
电源开关
控制器霍尔元件线指示灯

电动机霍尔指示灯

电动机相线指示灯

电池、转把、控制器电源指示灯

修车宝的检测线说明

图3-11　电动自行车修车宝

3.2.1 修车宝检测控制器操作方法

用修车宝检测控制器主相线的方法为：先将控制器的三根主相线拆下来，用修车宝上的控制器主相线测量线与控制器主相线相连，另需断开控制器上的转速信号线与转速表连接的插头。然后打开修车宝电源开关进行测量。正常的话，指示灯会有规律的闪烁，如图3-12所示。

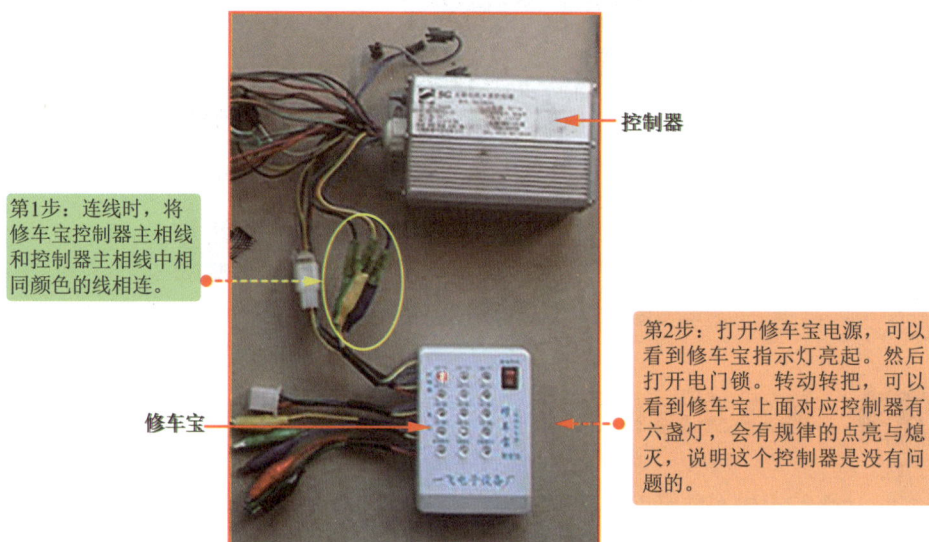

控制器

第1步：连线时，将修车宝控制器主相线和控制器主相线中相同颜色的线相连。

修车宝

第2步：打开修车宝电源，可以看到修车宝指示灯亮起。然后打开电门锁。转动转把，可以看到修车宝上面对应控制器有六盏灯，会有规律的点亮与熄灭，说明这个控制器是没有问题的。

图3-12 修车宝检测控制器

3.2.2 修车宝检测电动机操作方法

用修车宝检测电动机霍尔元件的方法为：将电动机霍尔插头拔出来，和修车宝上的电动机霍尔插头直接对插，然后用手轻轻转动电动机。若霍尔元件正常，可以看到霍尔指示灯会有规律的交替闪烁，如图3-13所示。

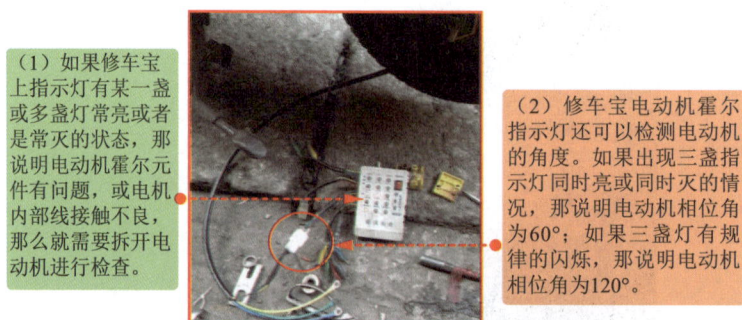

（1）如果修车宝上指示灯有某一盏或多盏灯常亮或者是常灭的状态，那说明电动机霍尔元件有问题，或电机内部线接触不良，那么就需要拆开电动机进行检查。

（2）修车宝电动机霍尔指示灯还可以检测电动机的角度。如果出现三盏指示灯同时亮或同时灭的情况，那说明电动机相位角为60°；如果三盏灯有规律的闪烁，那说明电动机相位角为120°。

图3-13 修车宝检测电动机

3.2.3　修车宝检测转把操作方法

修车宝检测转把方法为：将转把的红线、黑线和绿线与修车宝上检测转把三根线按颜色对应接好，然后转动转把进行检测，如图3-14所示。

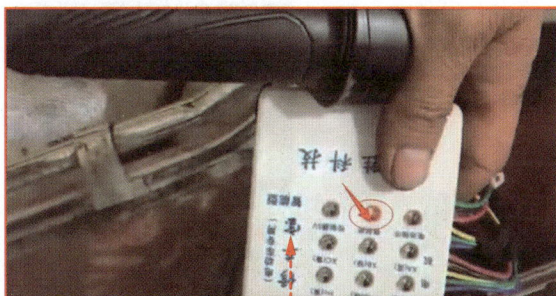

> 转动转把时，如果看到修车宝上转把指示灯由暗变亮。同时松开转把时，指示灯会熄灭，说明转把正常。

图3-14　修车宝检测转把

3.3　蓄电池测试仪操作方法

蓄电池检测仪是一种判断蓄电池性能的专用仪表，它可以测量各种蓄电池的容量状态，以便于快速直观地对蓄电池的性能好坏做出判断。如图3-15所示。

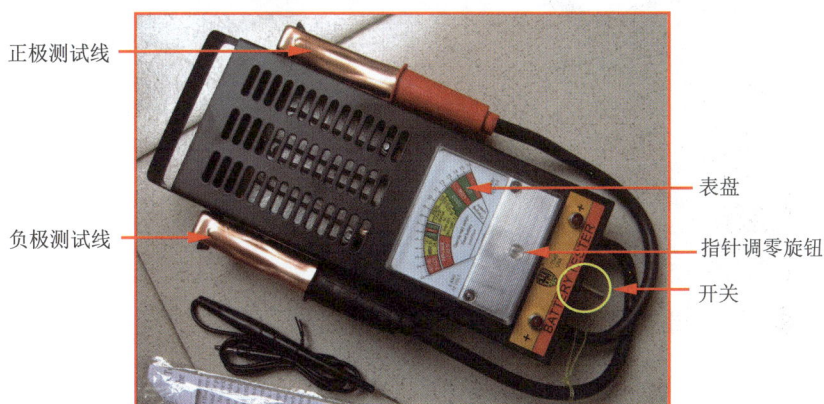

图3-15　蓄电池测试仪

蓄电池检测仪操作方法如图3-16所示。

第2步：扳动开关，此时电压表的指针向左偏移。如果指针在绿区表示电量充足；如果指针在黄区且指针稳定表示电量不足，需充电；如果指针向左回落快，表示电瓶已不存电；如果指针回零，表示电瓶可能断格；如果指针在红区表示电瓶电量很低，蓄电池可能有缺陷。

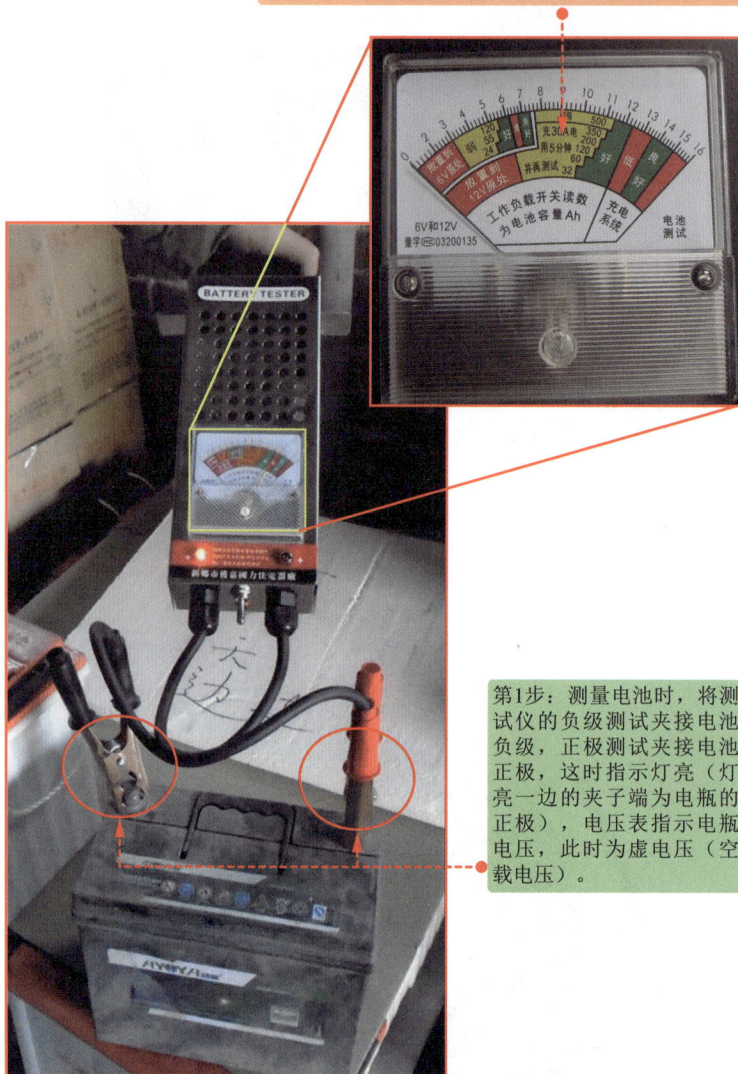

第1步：测量电池时，将测试仪的负级测试夹接电池负级，正极测试夹接电池正极，这时指示灯亮（灯亮一边的夹子端为电瓶的正极），电压表指示电瓶电压，此时为虚电压（空载电压）。

图3-16　蓄电池检测仪操作方法

第 4 章

电动自行车
主要电子元器件检测实战

电动自行车电气控制系统电路中有数量众多的功能电路板，这些电路板都是由基本的电子元器件组成；而在电动自行车的各类故障中，因电子元器件损坏而导致的故障占比较大，因此掌握电子元器件的好坏检测与维修技能，对于维修电动自行车故障非常重要。在本章中将重点讲解电动自行车中常见电子元器件的检测方法与维修实践技能。

4.1 认识电阻器及其检测实战

在电路中，电阻器的主要作用是稳定和调节电路中的电流和电压，即控制某一部分电路的电压和电流比例。电阻器是电子元器件中应用最广泛的一种，在电子设备中约占元器件总数的30%。

4.1.1 常用电阻器有哪些

电阻器是电路中最基本的元器件之一，其种类较多，如图4-1所示。

贴片电阻器具有体积小、重量轻、安装密度高、抗震性强、抗干扰能力强、高频特性好等优点。

排电阻器（简称排阻）是一种将多个分立电阻器集成在一起的组合型电阻器。

8引脚排电阻器和10引脚排电阻器内部结构

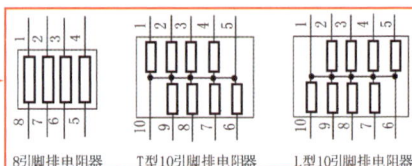

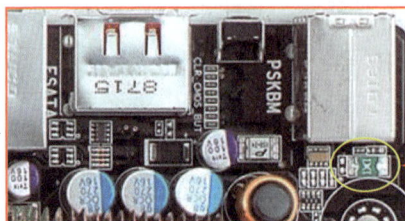

8引脚排电阻器　　T型10引脚排电阻器　　L型10引脚排电阻器

熔断电阻器的特性是阻值小，只有几欧姆，超过额定电流时就会烧坏，在电路中起到保护作用。

压敏电阻器主要用在电气设备交流输入端，用作过压保护。当输入电压过高时，它的阻值将减小，使串联在输入电路中的熔断管熔断，切断输入，从而保护电气设备。

图4-1　电阻器的种类

碳膜电阻器电压稳定性好,造价低。从外观看,碳膜电阻器有五个色环,为蓝色。

金属膜电阻器体积小、噪声低、稳定性良好。从外观看,金属膜电阻器有四个色环,为土黄色。

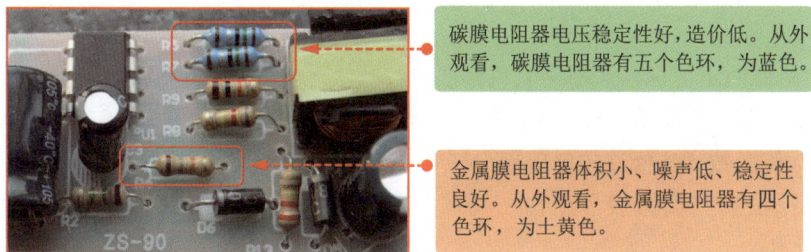

图4-1　电阻器的种类（续）

4.1.2　电阻器的图形符号和文字符号

维修电路时,通常需要参考电气设备的电路原理图来查找问题,而电路图中的元器件主要用元器件符号来表示。元器件符号包括文字符号和图片符号。其中,电阻器用字母R来表示。如表4-1所示为常见电阻的电路图形符号,图4-2为电路图中电阻器的符号。

表4-1　常见电阻器电路图形符号

一般电阻器	可变电阻器	光敏电阻器	压敏电阻器	热敏电阻器

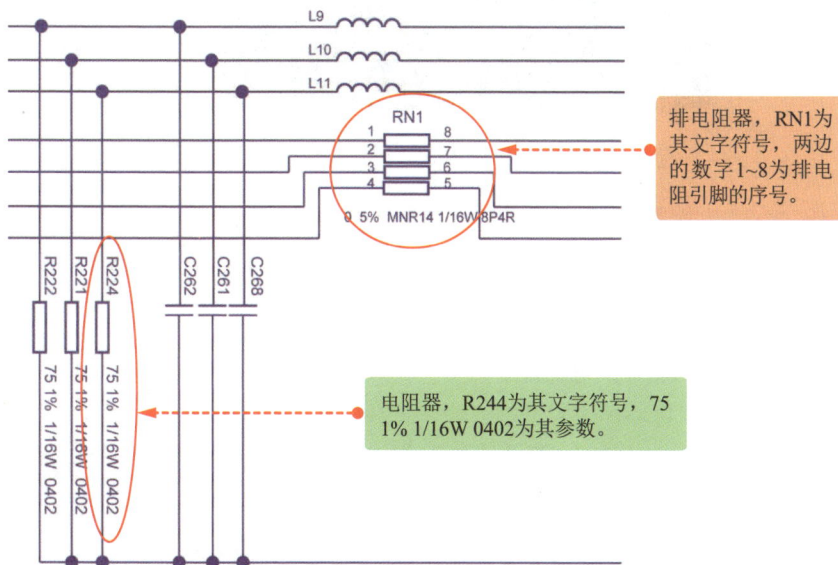

排电阻器,RN1为其文字符号,两边的数字1~8为排电阻引脚的序号。

电阻器,R244为其文字符号,75 1% 1/16W 0402为其参数。

图4-2　电阻器的符号

4.1.3 轻松计算电阻器的阻值

电阻器的阻值标注法通常有色环法、数标法。色环法在一般的电阻器上比较常见，数标法通常用在贴片电阻器上。

1. 读懂数标法标注的电阻器

数标法用三位数表示阻值，前两位表示有效数字，第三位数字是倍率，如图4-3所示。

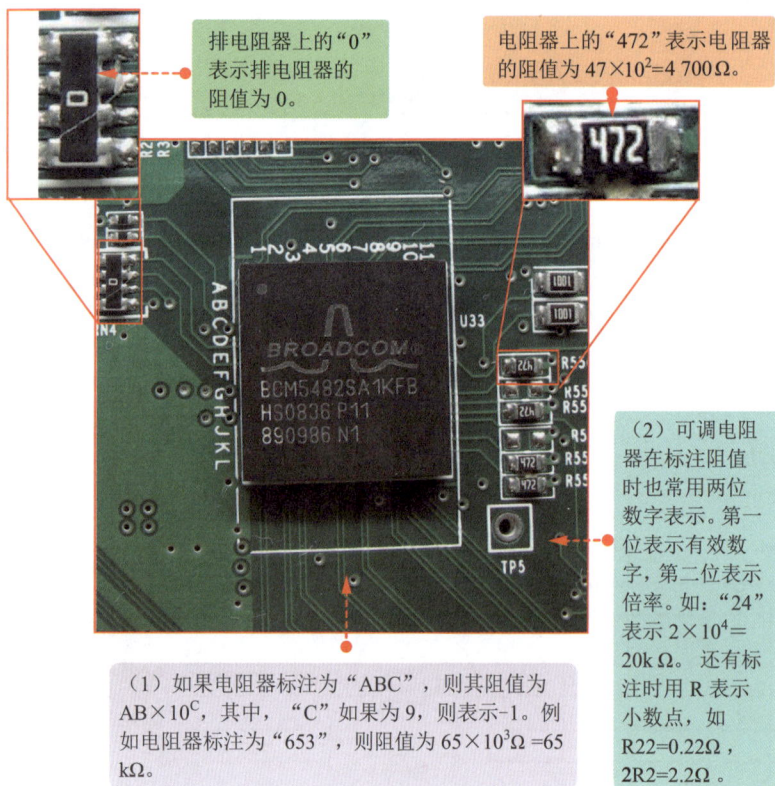

排电阻器上的"0"表示排电阻器的阻值为0。

电阻器上的"472"表示电阻器的阻值为 $47×10^2=4\ 700\Omega$。

（2）可调电阻器在标注阻值时也常用两位数字表示。第一位表示有效数字，第二位表示倍率。如："24"表示 $2×10^4=20k\Omega$。还有标注时用 R 表示小数点，如 R22=0.22Ω，2R2=2.2Ω。

（1）如果电阻器标注为"ABC"，则其阻值为 $AB×10^C$，其中，"C"如果为9，则表示-1。例如电阻器标注为"653"，则阻值为 $65×10^3\Omega =65k\Omega$。

图4-3　数标法标注电阻器

2. 读懂色标法标注的电阻器

色标法是指用色环标注阻值的方法，色环标注法使用最多，普通的色环电阻器用四环表示，精密电阻器用五环表示，紧靠电阻体一端的色环为第一环，露着电阻体本色较多的另一端为末环。

如果色环电阻器用四环表示，前面两位数字是有效数字，第三位是10的倍率，第四环是色环电阻器的误差范围，如图4-4所示。

颜色	第一位有效数字	第二位有效数字	倍率	允许误差范围
黑	0	0	10^0	
棕	1	1	10^1	±1%
红	2	2	10^2	±2%
橙	3	3	10^3	
黄	4	4	10^4	
绿	5	5	10^5	±0.5%
蓝	6	6	10^6	±0.25%
紫	7	7	10^7	±0.1%
灰	8	8	10^8	
白	9	9	10^9	−20% ~ +50%
金			10^{-1}	±5%
银			10^{-2}	±10%
无色				±20%

图4-4　四环电阻器阻值说明

如果色环电阻器用五环表示，前面三位数字是有效数字，第四位是10的倍率，第五环是色环电阻器的误差范围，如图4-5所示。

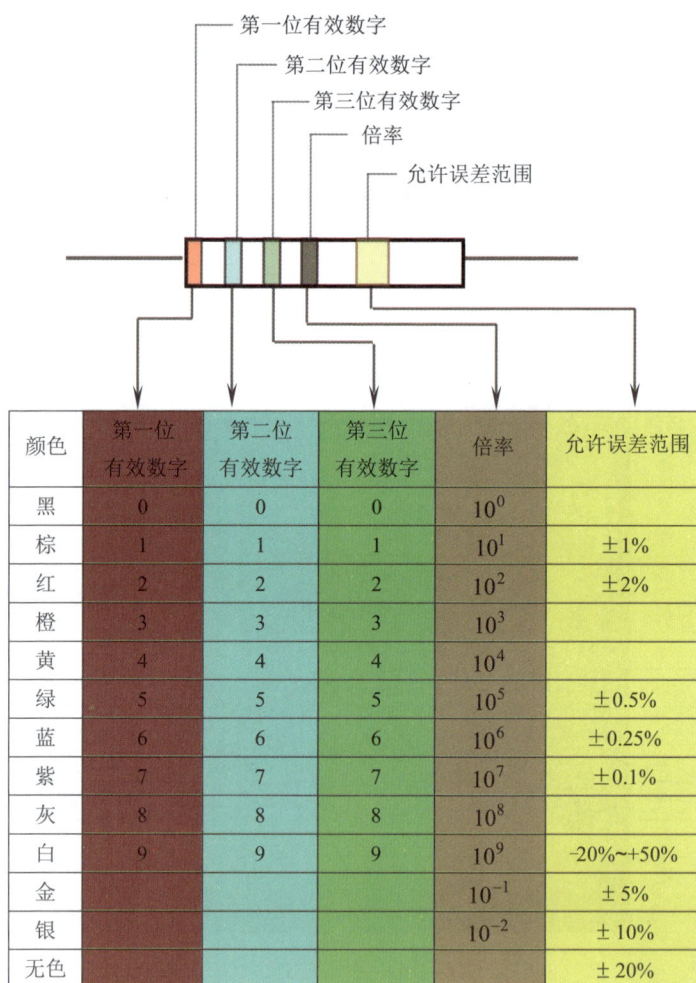

颜色	第一位 有效数字	第二位 有效数字	第三位 有效数字	倍率	允许误差范围
黑	0	0	0	10^0	
棕	1	1	1	10^1	±1%
红	2	2	2	10^2	±2%
橙	3	3	3	10^3	
黄	4	4	4	10^4	
绿	5	5	5	10^5	±0.5%
蓝	6	6	6	10^6	±0.25%
紫	7	7	7	10^7	±0.1%
灰	8	8	8	10^8	
白	9	9	9	10^9	−20%~+50%
金				10^{-1}	±5%
银				10^{-2}	±10%
无色					±20%

图4-5　五环电阻器阻值说明

　　根据电阻器色环的读识方法，可以很轻松地计算出电阻器的阻值，如图4-6所示。

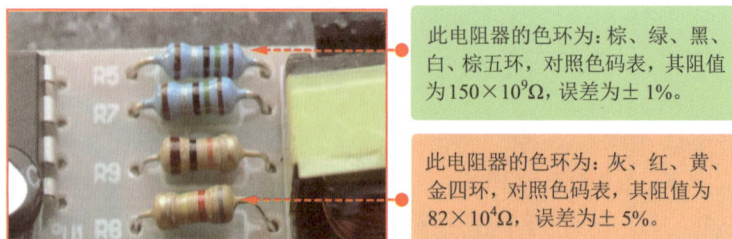

此电阻器的色环为：棕、绿、黑、白、棕五环，对照色码表，其阻值为$150×10^9Ω$，误差为±1%。

此电阻器的色环为：灰、红、黄、金四环，对照色码表，其阻值为$82×10^4Ω$，误差为±5%。

图4-6　计算电阻器阻值

4.1.4 固定电阻器检测实战

柱状固定电阻器开路或阻值增大后其表面会有很明显的变化，比如裂痕、引脚断开或颜色变黑，此时通过直观检查法就可以确认其好坏。如果从外观无法判断好坏，则需要用万用表对其进行检测来判断其是否正常。用万用表测量电阻器同样分为在路检测和开路检测两种方法。其中，开路测量一般将电阻器从电路板上取下或悬空一个引脚后进行测量。下面用开路检测的方法测量柱状固定电阻器，如图4-7所示。

第1步：首先记录电阻器的标称阻值。本次开路测量的电阻器采用的是色环标注法。该电阻器的色环顺序为红黑黄金，即标称阻值为200kΩ，允许偏差为±5%。

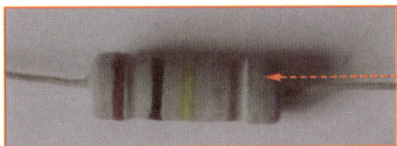

第2步：用电烙铁将电阻器从电路板上卸下。

第3步：清理待测电阻器引脚的灰尘，如果有锈渍可以拿细砂纸打磨，否则会影响检测结果。如果问题不大，拿纸巾轻轻擦拭即可。擦拭时不可太过用力，以免将引脚折断。

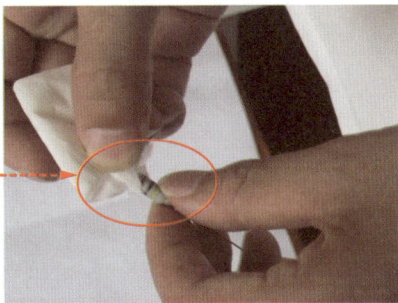

第4步：由于被测电阻器标称阻值为200kΩ，应该选择数字万用表欧姆挡2M的量程进行测量。测量时，将黑表笔插进COM孔中，红表笔插进VΩ孔。

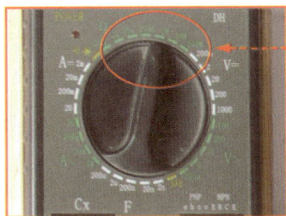

图4-7 检测判断固定电阻器的好坏

第5步：将数字万用表的红、黑表笔分别搭在电阻器两端的引脚处，不用考虑极性问题，测量的数值为0.198MΩ。

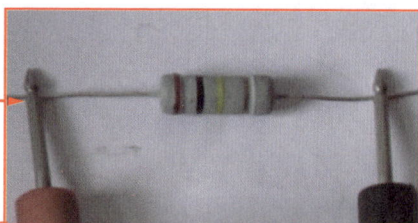

第6步：交换红黑表笔再次测量，测量的数值为0.2MΩ。

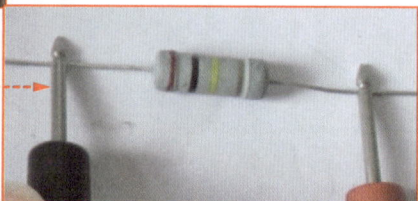

图4-7　检测判断固定电阻器的好坏（续）

测量结论：取较大的数值作为参考，这里取0.2M，0.2MΩ=200kΩ。该值与标称阻值一致，因此可以断定该电阻器可以正常使用。

4.2　认识电容器及其检测实战

电容器是在电路中应用最广泛的元器件之一，它由两个相互靠近的导体极板中间夹一层绝缘介质构成，是一种重要的储能元器件。

4.2.1　常用电容器有哪些

常用的电容器如图4-8所示。

横杠为正极符号

有极性贴片电容器也就是平时所称的电解电容器，由于其紧贴电路版，要求温度稳定性要高，所以贴片电容器以钽电容器居多。

贴片电容器也称为多层片式陶瓷电容器，0805、0603两类封装形式最为常见，其中，08 表示长度是0.08英寸、05 表示宽度为 0.05 英寸。

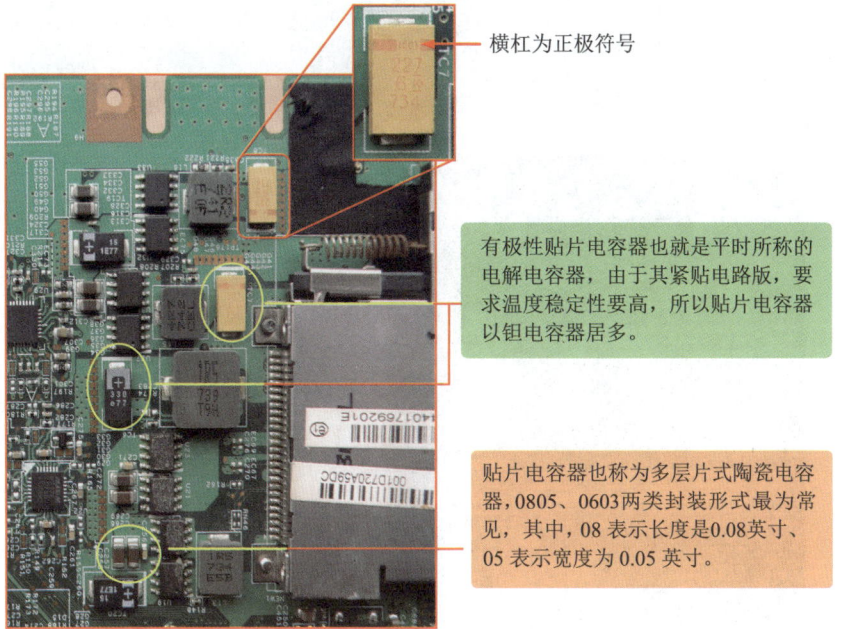

铝电解电容器是由铝圆筒做负极，里面装有液体电解质，插入一片弯曲的铝带做正极而制成的。铝电解电容器的特点是容量大、漏电大、稳定性差，适用于低频或滤波电路，有极性限制，使用时不可接反。

瓷介电容器又称陶瓷电容器，它以陶瓷为介质。瓷介电容器损耗小，稳定性好且耐高温，温度系数范围宽，且价格低、体积小。

图4-8　常用电容器

固态电容器，全称为固态铝质电解电容器，其介电材料为导电性高分子材料，而非电解液。可以持续在高温环境中稳定工作，具有极长的使用寿命。低ESR和高额定纹波电流等特点。

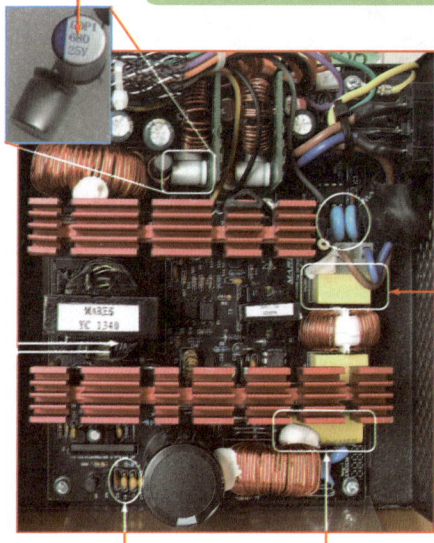

安规电容器在电容器失效后,不会导致电击,不危及人身安全。出于安全考虑和EMC考虑，一般在电源入口建议加上安规电容器。它们用在电源滤波器里分别对共模，差模干扰起滤波作用。

独石电容器属于多层片式陶瓷电容器，它是一个多层叠合的结构，是多个简单平行板电容器的并联体。它的温度特性好，频率特性好，容量比较稳定。

圆轴向电容器由一根金属圆柱和一个与它同轴的金属圆柱壳组合而成。其特点：损耗小、优异的自愈性、阻燃胶带外包和环氧密封、耐高温、容量范围广等。

图4-8 常用电容器（续）

4.2.2 电容器的图形符号和文字符号

维修电路时，通常需要参考电气设备的电路原理图来查找问题，下面我们来识别电路图中的电容器。电容器一般用字母C、PC、CP来表示。表4-2和图4-9分别为电容器的电路图形符号和电路图中的电容器。

表4-2 常见电容器电路图形符号

固定电容器	可变电容器	极性电容器

固定电容器，C50为其文字符号， 0.22μF为其容量，10V为耐压参数，0603为封装尺寸，X7R表示介质材料。

极性电容器，C144为其文字符号， 22μF为其容量，2.5V为耐压参数，0805为封装尺寸。

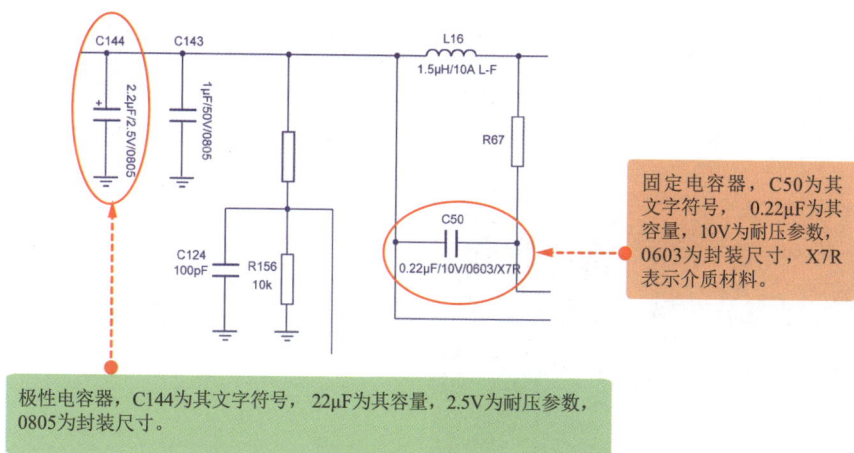

图4-9 电容器的符号

4.2.3 如何读懂电容器的参数

电容器的参数通常会标注在电容器外壳上，电容器的标注读识方法如图4-10所示。

直标法就是用数字或符号将电容器的有关参数（主要是标称容量和耐压）直接标示在电容器的外壳上，这种标注法常见于电解电容器和体积稍大的电容器上。

有极性的电容，通常在负极引脚端会有负极标识"-"，通常负极端颜色和其他地方不同。

电容器上标注为"68μF 400V"，表示容量为68μF，耐压为400V。

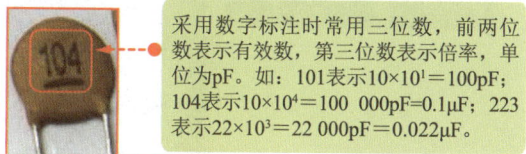

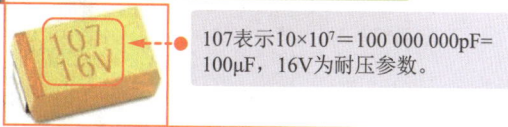

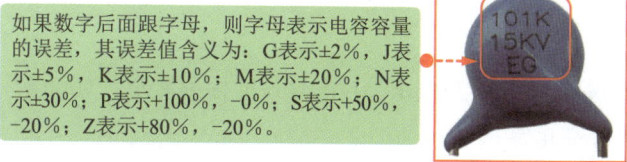

采用数字标注时常用三位数，前两位数表示有效数，第三位数表示倍率，单位为pF。如：101表示$10×10^1$=100pF；104表示$10×10^4$=100 000pF=0.1μF；223表示$22×10^3$=22 000pF=0.022μF。

107表示$10×10^7$=100 000 000pF=100μF，16V为耐压参数。

如果数字后面跟字母，则字母表示电容容量的误差，其误差值含义为：G表示±2%，J表示±5%，K表示±10%；M表示±20%；N表示±30%；P表示+100%，-0%；S表示+50%，-20%；Z表示+80%，-20%。

图4-10 读懂电容器的参数

4.2.4 电解电容器检测实战

数字万用表中一般都带有专门的电容器挡，用来测量电容器的容量，下面就用数字万用表中的电容器挡测量电容器的容量，具体测量方法如图4-11所示。

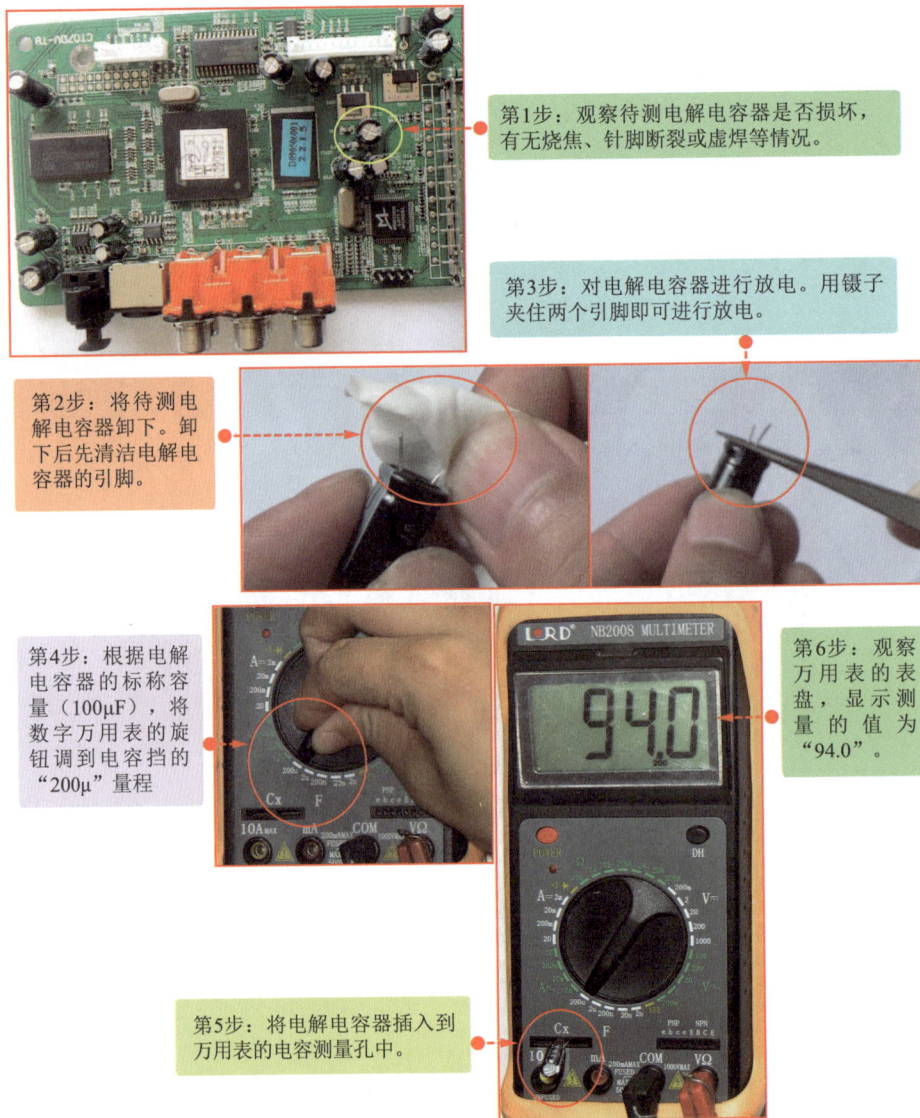

第1步：观察待测电解电容器是否损坏，有无烧焦、针脚断裂或虚焊等情况。

第3步：对电解电容器进行放电。用镊子夹住两个引脚即可进行放电。

第2步：将待测电解电容器卸下。卸下后先清洁电解电容器的引脚。

第4步：根据电解电容器的标称容量（100μF），将数字万用表的旋钮调到电容挡的"200μ"量程

第6步：观察万用表的表盘，显示测量的值为"94.0"。

第5步：将电解电容器插入到万用表的电容测量孔中。

图4-11 测量电解电容器的容量

测量结论：由于测量的容量值"94μF"与电容器的标称容量"100μF"比较接近，因此可以判断该电容器正常。

提示：如果拆下的电容器引脚太短，可以将电容器的引脚接长测量。如果测量

的电容器的容量与标称容量相差较大或为0，则电容器损坏。

4.2.5　贴片电容器检测实战

由于万用表无法准确测量贴片电容器的容量，所以只能使用数字万用表的二极管挡对其进行粗略的测量和判定，如图4-12所示。

第1步：观察贴片电容器外观有无明显的物理损坏。如果有则说明电容器已发生损坏。如果没有，用毛刷将电容器的两极擦拭干净，避免残留污垢影响测量结果。

第2步：为了测量结果的精确性，可用镊子对其进行放电。

第3步：选择数字万用表的二极管挡，并将红表笔插在万用表的VΩ孔，黑表笔插在COM孔。

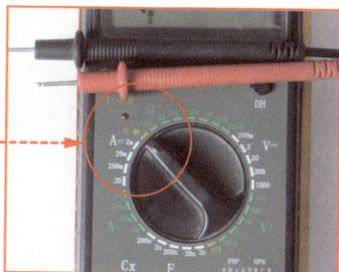

第4步：将红黑表笔分别接在贴片电容器的两极。

图4-12　用数字万用表检测贴片电容器的方法

第5步：观察表盘读数变化。表盘先有一个闪动的数值，静止后变为"1."。

第6步：交换两表笔再测一次。

第7步：观察表盘读数变化。表盘先有一个闪动的数值，静止后变为"1."。

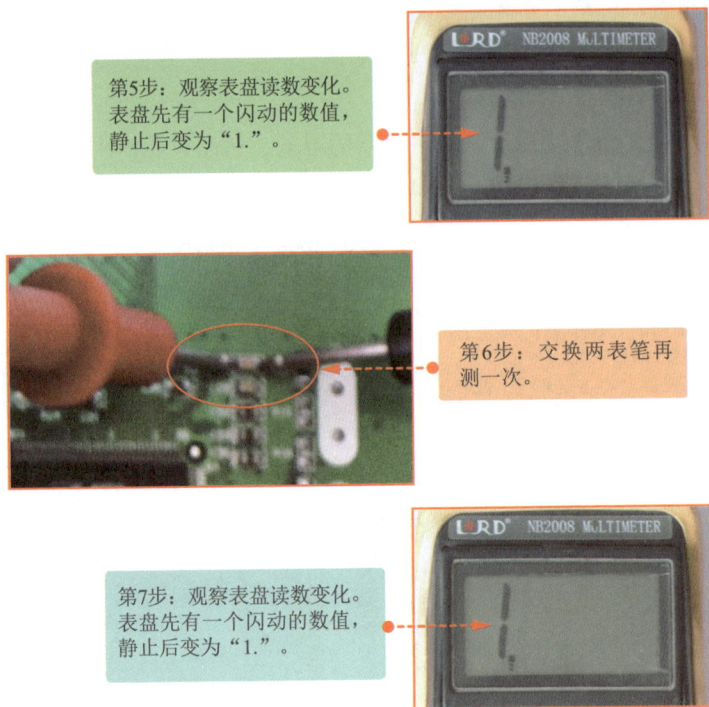

图4-12　用数字万用表检测贴片电容器的方法（续）

测量分析：两次测量数字表均先有一个闪动的数值，而后变为"1."，即阻值为无穷大，所以该电容器基本正常。如果用上述方法检测，万用表始终显示一个固定的阻值，说明电容器存在漏电现象；如果万用表始终显示"000"，说明电容器内部发生短路；如果始终显示"1."（不存在闪动数值），则说明电容器内部极间已发生断路。

4.3　认识电感器及其检测实战

电感器是一种能够把电能转化为磁能并储存起来的电子元器件，它主要的功能是阻止电流的变化。当电流从小到大变化时，电感器阻止电流的增大；当电流从大到小变化时，电感器阻止电流减小。电感器常与电容器配合在一起工作，在电路中主要用于滤波（阻止交流干扰）、振荡（与电容器组成谐振电路）、波形变换等。

4.3.1　常用电感器有哪些

电路中常用的电感器如图4-13所示。

全封闭式超级铁素体（SFC），此电感器可以依据当时的供电负载，来自动调节电力的负载。

封闭式电感器是一种将线圈完全密封在一个绝缘盒中制成的。这种电感器减少了外界对电感器的影响，性能更加稳定。

磁环电感器的基本结构是在磁环上绕制线圈。磁环的存在大大提高了线圈电感器的稳定性，磁环的大小以及线圈的缠绕方式都会对电感器造成很大的影响。

磁棒电感器的结构是在线圈中安插一个磁棒，磁棒可以在线圈内移动，用以调整电感器的大小。通常将线圈做好调整后要用石蜡固封在磁棒上，以防止磁棒的滑动而影响电感器。

贴片电感又被称为功率电感。它具有小型化、高品质、高能量储存和低电阻的特性。

半封闭电感器，防电磁干扰良好，在高频电流通过时不会发生异响，散热良好，可以提供大电流。

图4-13 电路中常用的电感器

超薄贴片式铁氧体电感器以锰锌铁氧体、镍锌铁氧体作为封装材料。散热性能、电磁屏蔽性能较好，封装厚度较薄。

全封闭陶瓷电感器以陶瓷封装，属于早期产品。

全封闭铁素体电感器以四氧化三铁混合物封装，相比陶瓷电感器具有更好的散热性能和电磁屏蔽性。

超合金电感器由几种合金粉末压合而成，具有铁氧体电感和磁圈的优点，可以实现无噪声工作，工作温度较低（35℃）。

图4-13　电路中常用的电感器（续）

4.3.2　电感器的图形符号和文字符号

维修电路时，通常需要参考电气设备的电路原理图来查找问题，下面我们来识别电路图中的电感器。电感器一般用字母L、PL来表示。表4-3所示为常见电感器的电路图形符号，图4-14为电路图中的电感器符号。

表4-3 常见电感器电路图形符号

电感器	带铁芯电感器	共模电感器	磁环电感器	单层线圈电感器

电感器，L16为其文字符号，1.5μH为电感量，10A为额定电流参数，L-F为误差。

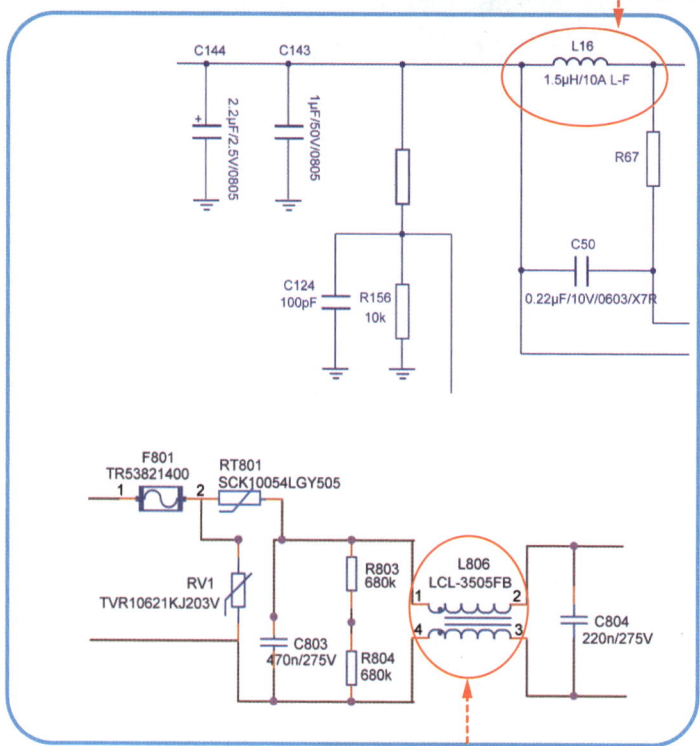

共模电感器L806，其两个线圈绕在同一铁芯上，匝数和相位都相同。用于过滤共模的电磁干扰信号。

图4-14 电感器的符号

4.3.3 如何读懂电感器的参数

电感器的参数通常会标注在电感器外壳上，数字符号法是将电感器的标称值和偏差值用数字和文字符号按一定的规律组合标示在电感器上。采用数字符号法表示的电感器通常是一些小功率电感器，单位通常为nH或pH。用pH做单位时，"R"表示小数点，用"nH"做单位时，"N"表示小数点。数字符号法的读识方法如图4-15所示。

R47表示电感量为0.47pH，而4R7则表示电感量为4.7pH；10N表示电感量为10nH。

图4-15　数字符号法

数码法标注的电感器，前两位数字表示有效数字，第三位数字表示倍乘率，如果有第四位数字，则表示误差值。这类的电感器的电感量单位一般都是微亨（μH）。数码标注法的读识方法如图4-16所示。

例如100，表示电感量为$10×10^0=10μH$。

图4-16　数码标注法

4.3.4　磁环/磁棒电感器检测完成

磁环/磁棒电感器主要应用在各种供电电路中。为了测量准确，测量磁环/磁棒电感器时通常需要开路测量。用指针万用表测量磁环电感器的方法如图4-17所示。

第1步：将电路的电源断开，接着对磁环电感器进行观察，看待测电感器是否损坏，有无烧焦、虚焊等情况。

图4-17　测量磁环电感器

第2步：将待测磁环电感器从电路板上卸下，并清洁电感器的两端引脚，去除两端引脚下的污物，确保测量的准确性。

第3步：将指针万用表的功能旋钮旋至欧姆挡的R×1挡，并进行调零校正。接下来将红、黑表笔分别搭在磁环电感器的两端引脚上进行测量。

第4步：观察表针，发现测得当前电感器的阻值接近0。

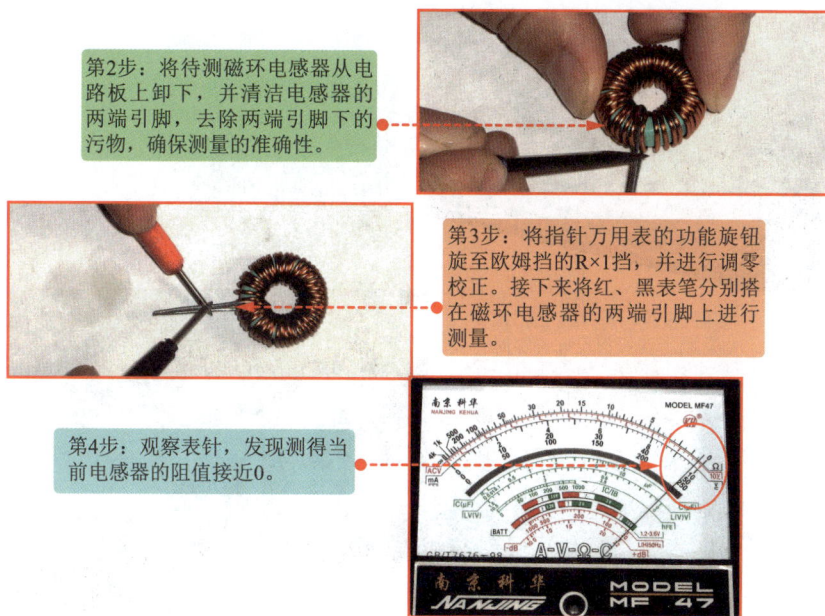

图4-17　测量磁环电感器（续）

测量结论：由于测量的磁环电感器的阻值接近0，因此可以判断，此电感器没有断路故障。

注：贴片封闭式电感器的检测与磁环电感器的检测方法相似，具体检测方法可以到本书下载包中学习。

4.4　认识二极管及其检测实战

二极管又称晶体二极管，它是最常用的电子元器件之一。它最大的特性就是单向导电。在电路中，电流只能从二极管的正极流入，负极流出。利用二极管单向导电性，可以把方向交替变化的交流电变换成单一方向的脉冲直流电。另外，二极管在正向电压作用下电阻值很小，处于导通状态，在反向电压作用下，电阻值很大，处于截止状态，如同一只开关。利用二极管的开关特性，可以组成各种逻辑电路（如整流电路、检波电路、稳压电路等）。

4.4.1　常用二极管有哪些

电路中常用的二极管如图4-18所示。

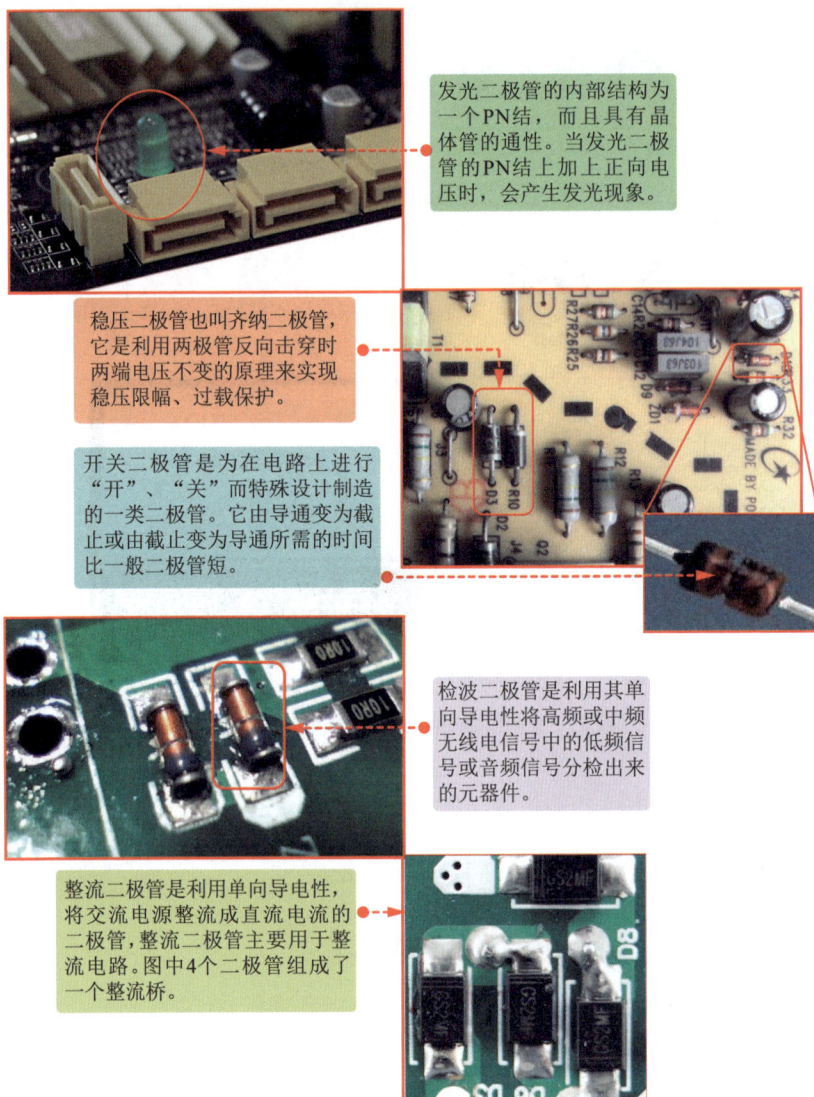

发光二极管的内部结构为一个PN结，而且具有晶体管的通性。当发光二极管的PN结上加上正向电压时，会产生发光现象。

稳压二极管也叫齐纳二极管，它是利用两极管反向击穿时两端电压不变的原理来实现稳压限幅、过载保护。

开关二极管是为在电路上进行"开"、"关"而特殊设计制造的一类二极管。它由导通变为截止或由截止变为导通所需的时间比一般二极管短。

检波二极管是利用其单向导电性将高频或中频无线电信号中的低频信号或音频信号分检出来的元器件。

整流二极管是利用单向导电性，将交流电源整流成直流电流的二极管，整流二极管主要用于整流电路。图中4个二极管组成了一个整流桥。

图4-18　电路中常用的二极管

4.4.2　二极管的图形符号和文字符号

维修电路时，通常需要参考电气设备的电路原理图来查找问题，下面我们来识别电路图中的二极管。二极管用字母D、VD来表示。表4-4所示为常见二极管的电路图形符号，图4-19为电路图中的二极管符号。

表4-4　常见二极管电路符号

普通二极管	双向抑制二极管	稳压二极管	发光二极管
▷▏	▷◁	▷▏	▷▏

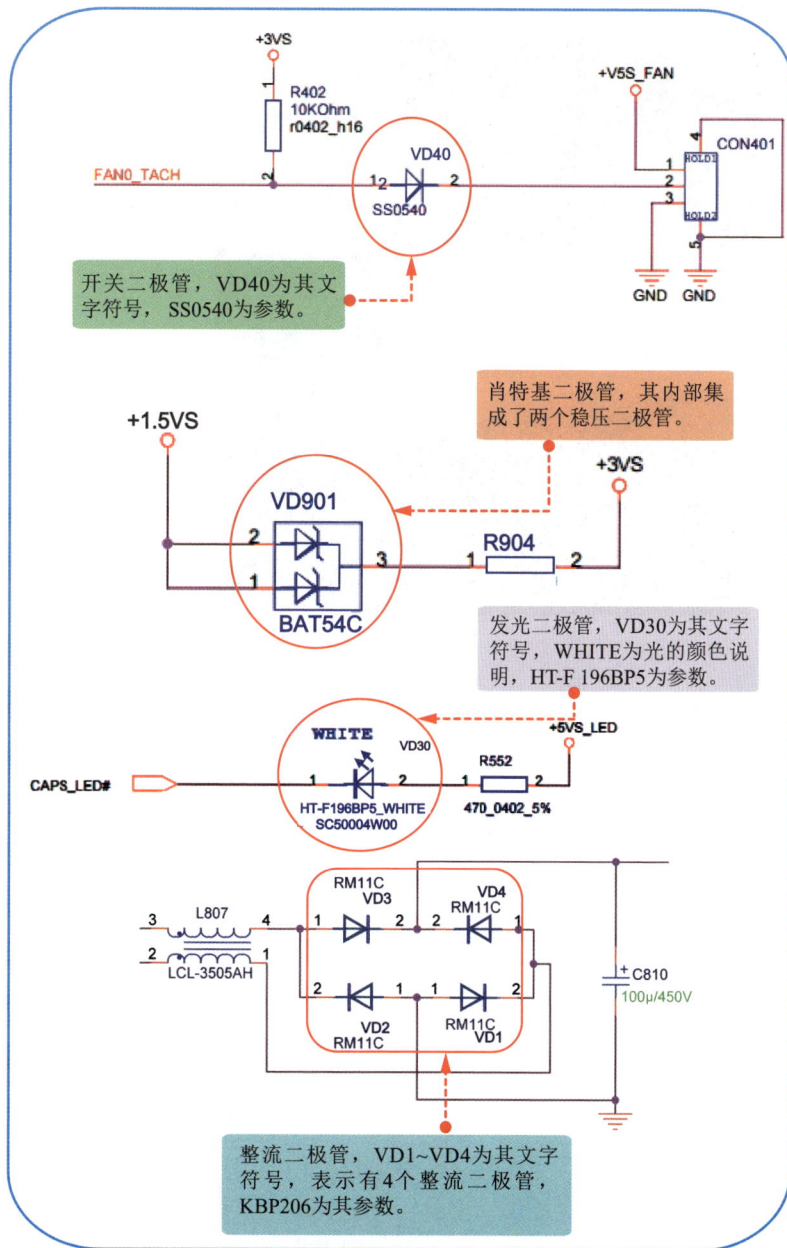

开关二极管，VD40为其文字符号，SS0540为参数。

肖特基二极管，其内部集成了两个稳压二极管。

发光二极管，VD30为其文字符号，WHITE为光的颜色说明，HT-F 196BP5为参数。

整流二极管，VD1~VD4为其文字符号，表示有4个整流二极管，KBP206为其参数。

图4-19　电路图中的二极管的符号

4.4.3　整流二极管检测实战

整流二极管主要用在电源供电电路中，电路板中的整流二极管可以开路测量，也可以在路测量。

整流二极管在路测量的方法如图4-20所示。

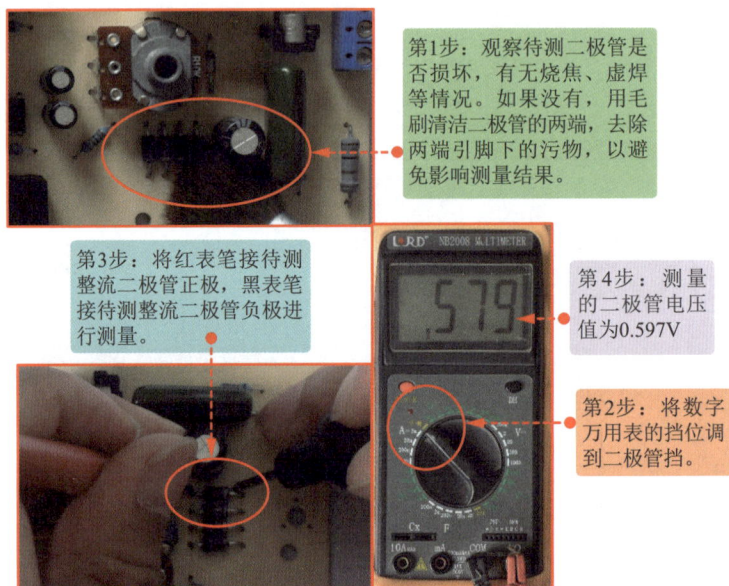

第1步：观察待测二极管是否损坏，有无烧焦、虚焊等情况。如果没有，用毛刷清洁二极管的两端，去除两端引脚下的污物，以避免影响测量结果。

第3步：将红表笔接待测整流二极管正极，黑表笔接待测整流二极管负极进行测量。

第4步：测量的二极管电压值为0.597V

第2步：将数字万用表的挡位调到二极管挡。

图4-20　整流二极管检测

检测分析：一般普通二极管正向压降为0.4~0.8V，肖特基二极管的正向压降在0.3V以下，稳压二极管正向压降在0.8V以上。本次测量的普通整流二极管电压0.4V~0.8V正常范围内，说明二极管正常。如果测量的二极管正向电压低于0.1V时，说明二极管内部断路。

4.5　认识三极管及其检测实战

三极管全称应为晶体三极管，具有电流放大作用，是电子电路的核心元器件。三极管是一种控制电流的半导体器件，其作用是把微弱信号放大成幅度值较大的电信号。

三极管是在一块半导体基片上制作两个相距很近的PN结，两个PN结把整块半导体分成三部分，中间部分是基区（引脚为基极B），两侧部分是发射区（引脚为发射极E）和集电区（引脚为集电极C），排列方式有PNP和NPN两种。

三极管按材料分为锗管和硅管两种。而每一种又有NPN和PNP两种结构形式，但使用较多的是硅NPN和锗PNP两种三极管。

4.5.1　常用三极管有哪些

三极管是电路中最基本的元器件之一，在电路中被广泛使用，特别是放大电路中。如图4-21所示为电路中常用的三极管。

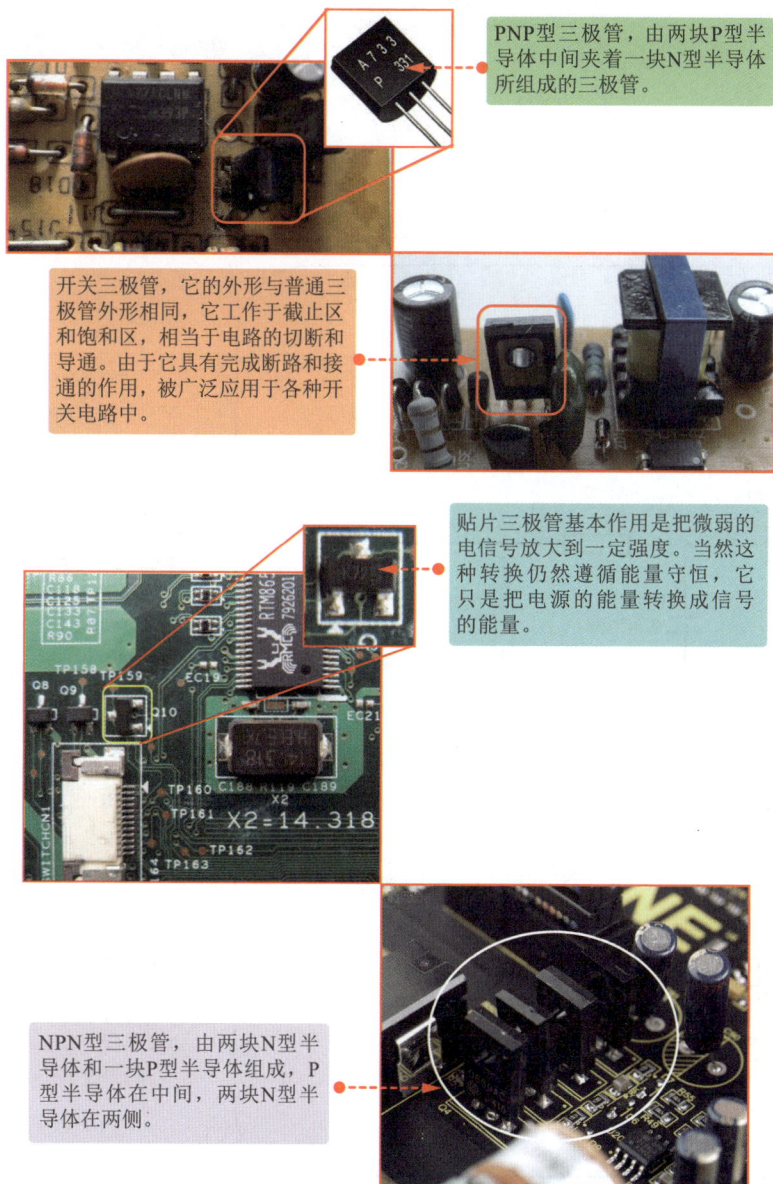

PNP型三极管，由两块P型半导体中间夹着一块N型半导体所组成的三极管。

开关三极管，它的外形与普通三极管外形相同，它工作于截止区和饱和区，相当于电路的切断和导通。由于它具有完成断路和接通的作用，被广泛应用于各种开关电路中。

贴片三极管基本作用是把微弱的电信号放大到一定强度。当然这种转换仍然遵循能量守恒，它只是把电源的能量转换成信号的能量。

NPN型三极管，由两块N型半导体和一块P型半导体组成，P型半导体在中间，两块N型半导体在两侧。

图4-21　常用三极管

4.5.2　三极管的图形符号和文字符号

维修电路时，通常需要参考电气设备的电路原理图来查找问题，下面我们来识别电路图中的三极管。三极管一般用字母V、VT来表示。表4-5所示为常见三极管的电路图形符号，图4-22为电路图中的三极管符号。

表4-5　常见三极管电路图形符号

NPN型三极管	PNP型三极管

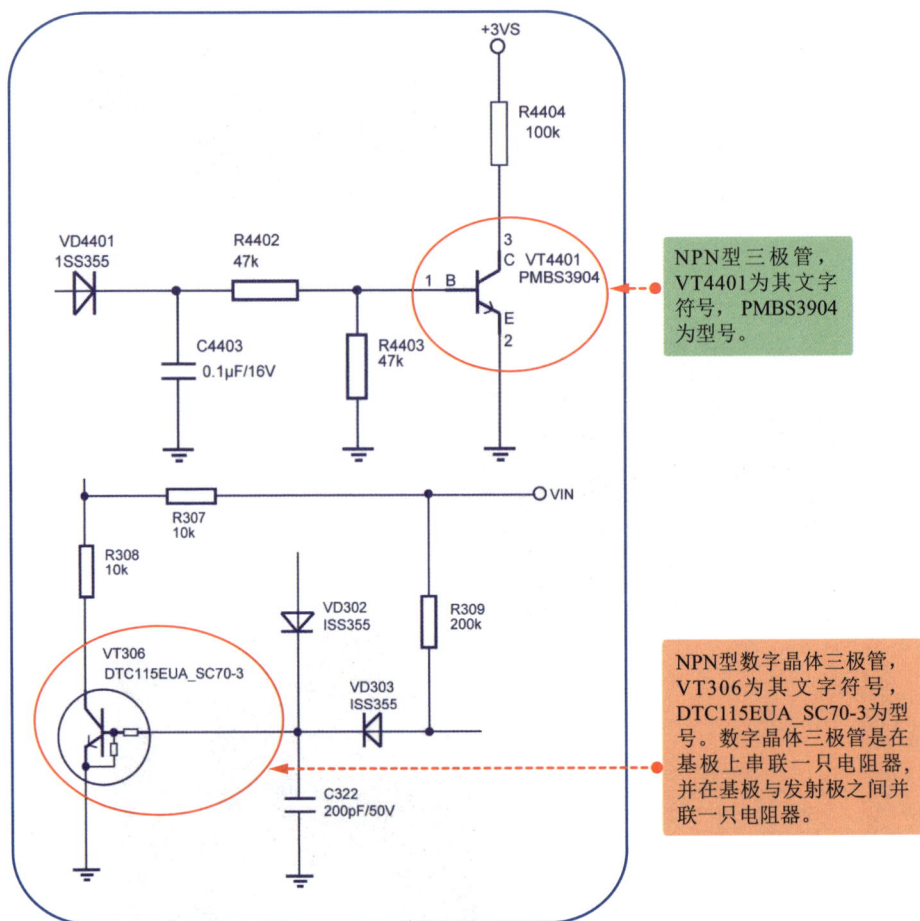

图4-22　电路图中的三极管的符号

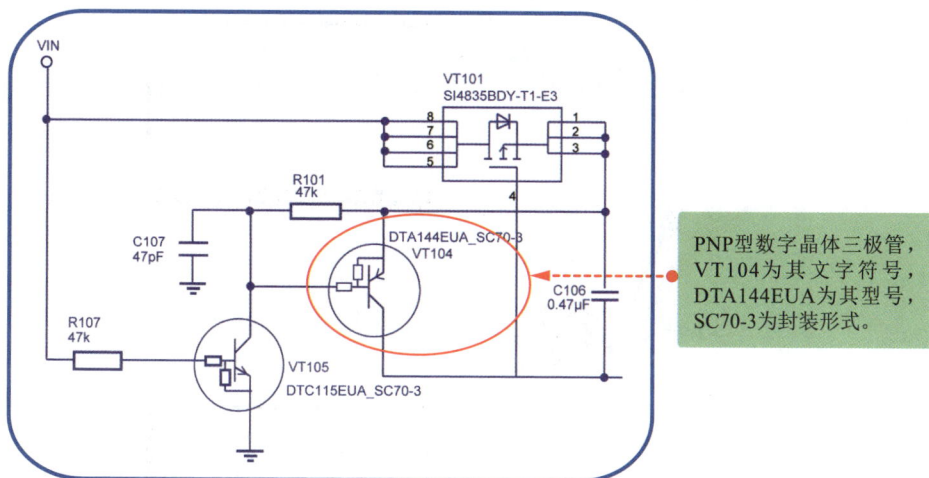

图4-22　电路图中的三极管的符号（续）

4.5.3　三极管检测实战

为了准确测量，测量电路中的三极管时，一般采用开路测量的方式。三极管的测量方法如图4-23所示。

注：三极管好坏的判断依据是PN结的单向导电性，因各极间的正向电阻要远大于反向电阻值。

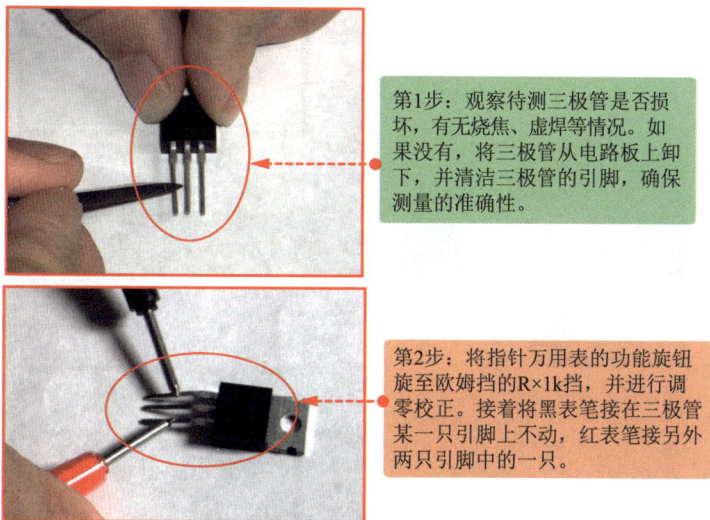

第1步：观察待测三极管是否损坏，有无烧焦、虚焊等情况。如果没有，将三极管从电路板上卸下，并清洁三极管的引脚，确保测量的准确性。

第2步：将指针万用表的功能旋钮旋至欧姆挡的R×1k挡，并进行调零校正。接着将黑表笔接在三极管某一只引脚上不动，红表笔接另外两只引脚中的一只。

图4-23　三极管好坏判断

第3步：观察表盘，测得阻值为"6K"。

第4步：黑表笔不动，红表笔接剩下的那只引脚。

第5步：观察表盘，测得阻值为"6.3K"。由于两次测量的电阻值都比较小，因此可以判断，此三极管为NPN型。且黑表笔接的引脚为基极。

第6步：将万用表功能旋钮置于R×10k挡，进行调零。然后将红、黑表笔分别接三极管基极外的两只引脚，并用一只手将基极与黑表笔相接触。

第7步：观察表盘，测得阻值为"170k"。

第8步：将红、黑表笔交换再测一次。同样用一只手指将基极与黑表笔相接触。

第9步：观察表盘，测得阻值为"3000K"。可以判定两次测量中指针偏转量最大的一次（阻值为"170K"的一次），黑表笔接的是发射极，红表笔接的是集电极。

图4-23　三极管好坏判断（续）

第10步：将万用表功能旋钮置于R×1k挡，进行调零。然后将黑表笔接基极（B）引脚，红表笔接集电极（C）引脚。

第11步：观察表盘，发现测量的三极管集电极的反向电阻的阻值为"6.3K"。

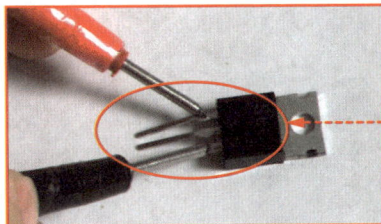

第12步：将红、黑表笔互换位置。

第13步：测量的三极管集电极的正向电阻的阻值为无穷大。

第14步：将万用表的黑表笔接基极（B）引脚，红表笔接发射极（E）引脚。

第15步：观察表盘，发现测量的三极管发射极反向电阻的阻值为"6.1K"。

第16步：万用表的红、黑表笔互换位置。

图4-23 三极管好坏判断（续）

第17步：观察表盘，发现测量的三极管发射极正向电阻的阻值为无穷大。

图4-23　三极管好坏判断（续）

测量结论：由于测量的三极管集电极的反向电阻的阻值为"6.3K"，远小于集电极正向电阻的阻值（无穷大）。另外，三极管发射极的反向电阻的阻值为"6.1K"，远小于发射极正向电阻的阻值（无穷大），且发射极正向电阻与集电极正向电阻的阻值基本相等，因此可以判断该NPN型三极管正常。如果测量值中有为0的情况，则说明三极管已损坏。

4.6　认识场效应管及其检测实战

场效应晶体管简称场效应管，是一种用电压控制电流大小的电子元器件，主要利用控制输入回路的电场效应来控制输出回路电流，带有PN结。

4.6.1　常用的场效应管有哪些

目前场效应管的品种很多，但可划分为结型场效应管（JFET）和绝缘栅型场效应管（MOS）两大类。按沟道材料型和绝缘栅型各分N沟道和P沟道两种；按导电方式分为耗尽型与增强型，结型场效应管均为耗尽型，绝缘栅型场效应管既有耗尽型的，也有增强型的，如图4-24所示。

结型场效应管是在一块N型（或P型）半导体棒两侧各做一个P型区（或N型区），就形成两个PN结。把两个P区（或N区）并联在一起，引出一个电极，称为栅极(G)，在N型（或P型）半导体棒的两端各引出一个电极，分别称为源极（S）和漏极(D)。夹在两个PN结中间的N区（或P区）是电流的通道，称为沟道。这种结构的管子称为N沟道(或P沟道)结型场效应管。

图4-24　场效应管种类

绝缘栅型场效应管是以一块P型薄硅片作为衬底，在它上面做两个高杂质的N型区，分别作为源极S和漏极D。在硅片表面覆盖一层绝缘物，然后用金属铝引出一个电极G（栅极）。

图4-24　场效应管种类（续）

4.6.2　场效应管的图形符号和文字符号

维修电路时，通常需要参考电气设备的电路原理图来查找问题，下面我们来识别电路图中的场效应管。场效应管一般用字母VT来表示。表4-6所示为常见场效应管的电路图形符号，图4-25为电路图中的场效应管。

表4-6　常见场效应管电路图形符号

增强型N沟道管	耗尽型N沟道管	增强型P沟道管	耗尽型P沟道管

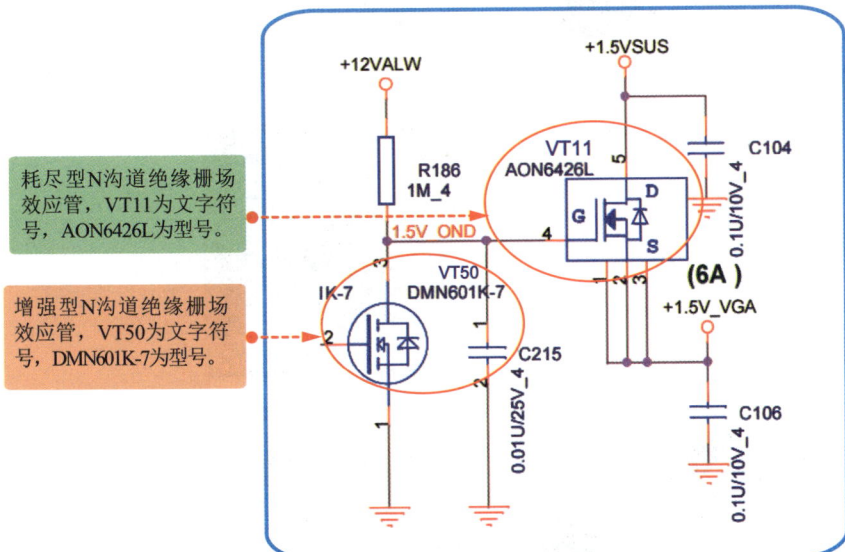

耗尽型N沟道绝缘栅场效应管，VT11为文字符号，AON6426L为型号。

增强型N沟道绝缘栅场效应管，VT50为文字符号，DMN601K-7为型号。

图4-25　电路图中的场效应管

耗尽型P沟道场效应管，VT31为文字符号，SI2301BDS为型号，SCT23为封装形式。

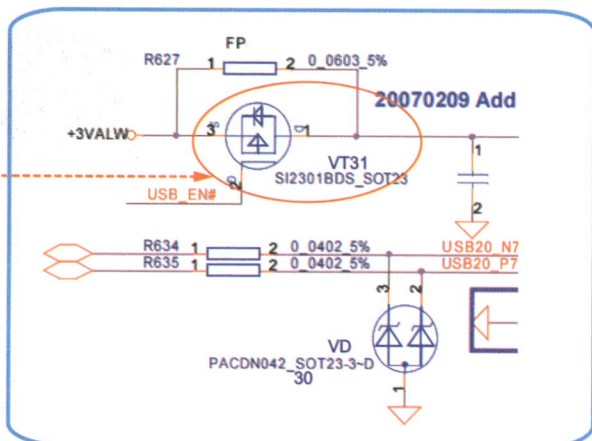

图4-25　电路图中的场效应管（续）

4.6.3　场效应管检测实战

用数字万用表测量电路中场效应管的方法如图4-26所示。

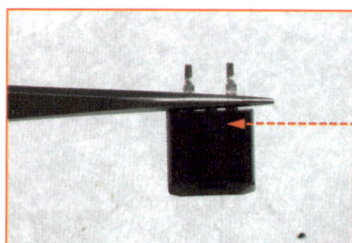

第1步：观察待测场效应管是否损坏，有无烧焦或针脚断裂等情况。如果没有，将场效应管从电路板中卸下，并清洁引脚，确保测量的准确。然后用镊子短接场效应管的三只引脚进行放电。

第2步：将数字万用表的功能旋钮旋至"二极管"挡。

第3步：将黑表笔任意接触场效应管一只引脚，红表笔接触其余的两只引脚中的一只，测量管电压。

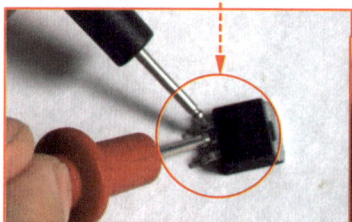

第4步：测量值为"1."，即无穷大。

图4-26　数字万用表测量场效应管的方法

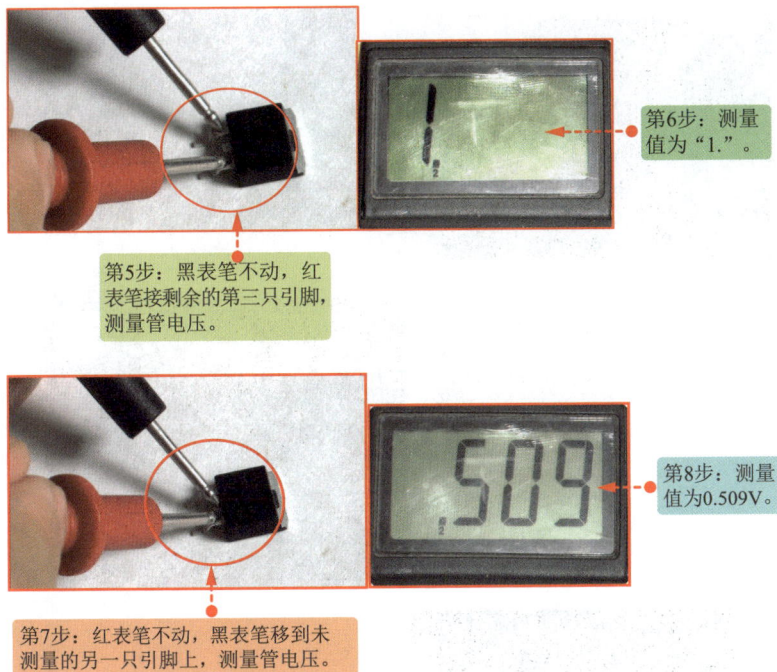

第6步：测量值为"1."。

第5步：黑表笔不动，红表笔接剩余的第三只引脚，测量管电压。

第8步：测量值为0.509V。

第7步：红表笔不动，黑表笔移到未测量的另一只引脚上，测量管电压。

图4-26　数字万用表测量场效应管的方法（续）

测量结论：在三次测量中，有两组值为"1."，另一组值为0.509V，在0.3～0.8V之间，因此可以判断此场效应管正常。如果其中有一组数据为0，则场效应管被击穿。

4.7　认识变压器及其检测实战

变压器是利用电磁感应的原理来改变交流电压的装置，它可以把一种电压的交流电能转换成相同频率的另一种电压的交流电。变压器主要由初级线圈、次级线圈和铁芯（磁芯）组成。

4.7.1　常用变压器有哪些

变压器是电路中常见的元器件之一，在电源电路中被广泛使用，如图4-27所示为电路中的变压器。

电源变压器是小型电器设备的电源中常用的元件之一，它可以实现功率传送、电压变换和绝缘隔离。当交流电流流于其中之一组线圈时，于另一组线圈中将感应出具有相同频率的交流电压。

升压变压器是用来把低数值的交变电压变换为同频率的另一较高数值交变电压的变压器。其在高频领域应用较广，如逆变电源等。

音频变压器是工作在音频范围的变压器，又称低频变压器。工作频率范围一般为10～20 000Hz。音频变压器可以像电源变压器那样实现电压器转换，也可以实现音频信号耦合。

图4-27　电路中的变压器

4.7.2　变压器的图形符号和文字符号

维修电路时，通常需要参考电气设备的电路原理图来查找问题，下面我们来识别电路图中的变压器。变压器一般用字母T来表示。表4-7所示为常见变压器的电路图形符号，图4-28为电路图中的变压器。

表4-7　常见变压器电路符号

单二次绕组变压器	多次绕组变压器	二次绕组带中心抽头变压器

R317
10K

IC304
HS817

R315
180

4 1
3 2

R318
10k

R321
2k

VD307
21DQ10

7
8

VD307
31DQ06

9
10

11
12

13
14

6
3
2
1

VD305
SF16

VD310
SF16

L305

T301
BCK-700A

C326
100μF

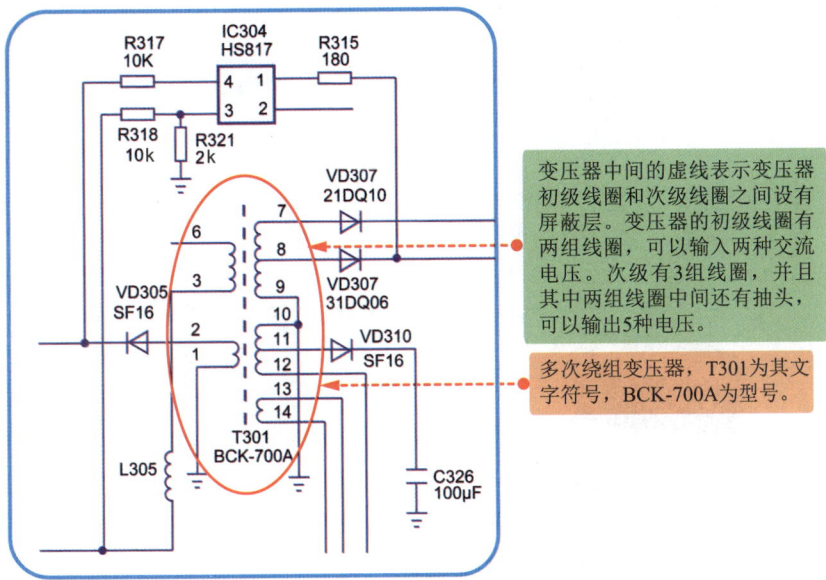

> 变压器中间的虚线表示变压器初级线圈和次级线圈之间设有屏蔽层。变压器的初级级圈有两组线圈，可以输入两种交流电压。次级有3组线圈，并且其中两组线圈中间还有抽头，可以输出5种电压。

> 多次绕组变压器，T301为其文字符号，BCK-700A为型号。

> 该变压器的初级线圈有两组线圈，可以输入两种电压，次级线圈有一组线圈，输出一种电压。

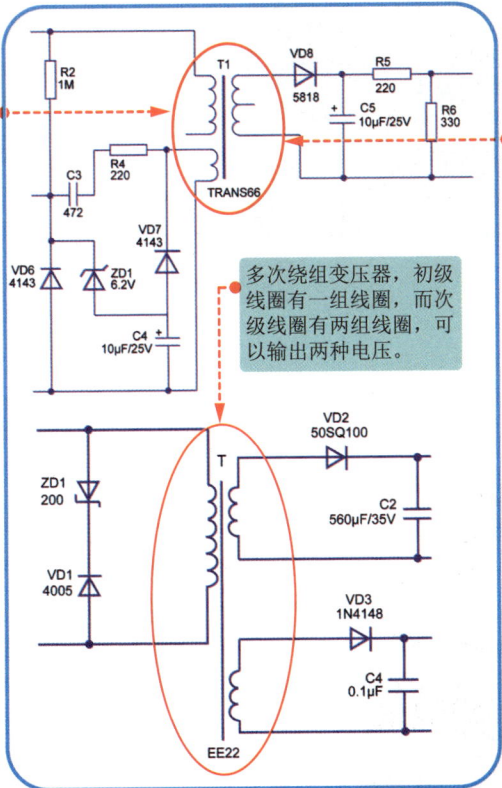

R2
1M

T1

VD8
5818

R5
220

C5
10μF/25V

R6
330

C3
472

R4
220

VD7
4143

VD6
4143

ZD1
6.2V

C4
10μF/25V

TRANS66

> 电源变压器，T1为其文字符号，TRANS66为其型号。中心实线表示变压器中心带铁芯。

> 多次绕组变压器，初级线圈有一组线圈，而次级线圈有两组线圈，可以输出两种电压。

ZD1
200

VD1
4005

T

VD2
50SQ100

C2
560μF/35V

VD3
1N4148

C4
0.1μF

EE22

图4-28 电路图中的变压器

4.7.3　变压器好坏检测方法

　　变压器的好坏可以通过测量变压器的绝缘性和检测变压器线圈通断的方法来判断，具体方法如图4-29所示。

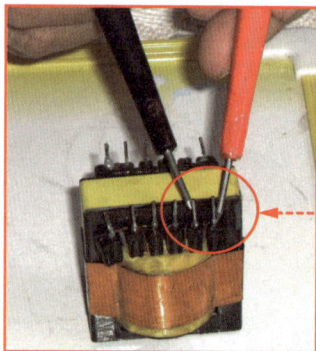

测试绝缘性时，将指针万用表的挡位调到R×10k挡，然后分别测量铁芯与初级、初级与各次级、铁芯与各次级、静电屏蔽层与初次级、次级各绕组间的电阻值。如果电阻值均为无穷大，说明变压器正常。否则，说明变压器绝缘性能不良。

如果变压器内部线圈发生断路，变压器就会损坏。检测时，将指针万用表调到R×1挡进行测试。如果测量某个绕组的电阻值为无穷大，则说明此绕组有断路故障。

图4-29　检测变压器好坏的方法

4.7.4　电源变压器检测实战

　　实践中一般用指针万用表检测判断变压器的好坏，具体步骤如图4-30所示。

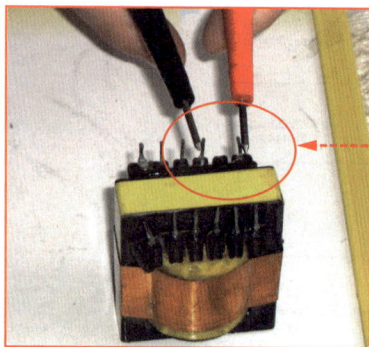

第1步：观察待测变压器是否损坏，有无烧焦、虚焊等情况。然后将电源变压器从电路板上焊下，并清洁引脚。接着将指针万用表调到R×1挡，再将红、黑表笔分别搭在电源变压器中的初级绕组中的第一组引脚上，测量第一组绕组的阻值。

图4-30　电路中变压器测量方法

第2步：观察表盘，测得当前电阻值为0.5。

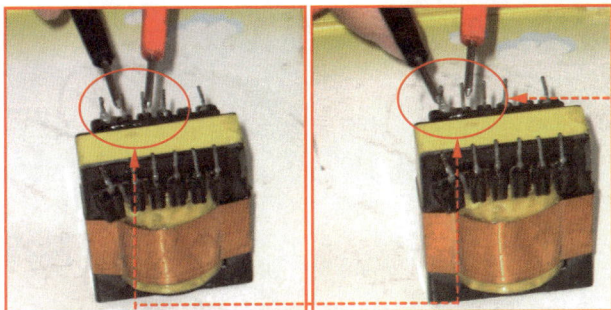

提示：如果测量的值为0或无穷大，则说明此绕组短路或断路。

第3步：用同样的方法测量初级绕组中的其他两组绕组的阻值，测量值分别为"1"和"1.5"。

结论1：由于初级绕组中的3个绕组的电阻值为一定值，因此可以判断此变压器的初级绕组正常。

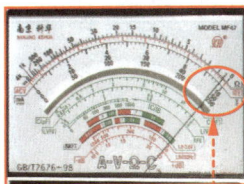

第4步：用同样的方法测量次级绕组中的3组绕组，测量的值分别为0.5、1、0.8。

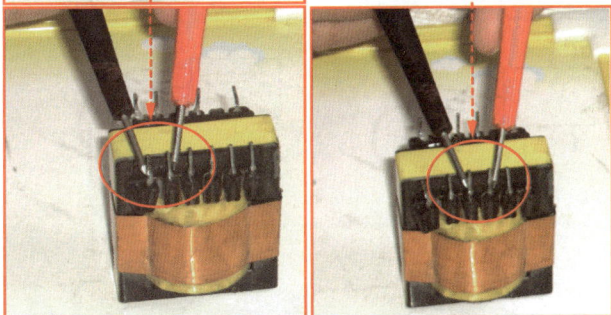

结论2：由于次级绕组中3个绕组的电阻值为一定值，因此可以判断此变压器的次级绕组正常。

图4-30　电路中变压器测量方法（续）

测量完初级和次级绕组后，接下来将指针万用表调到欧姆挡的R×10k挡，并进行调零校正。然后用同样方法分别测量初/次级绕组与铁芯间的绝缘电阻值，测量的阻值均为无穷大，说明变压器的绝缘性正常。

测量结论：由于初级绕组、次级绕组以及变压器的绝缘性均正常，说明该变压器的质量正常。

4.8　认识集成稳压器及其检测实战

集成稳压器是一种将不稳定直流电压转换成稳定直流电压的集成电路。集成稳压器一般分为三端式（稳压器的外引线数目为三个）和多端式（外引线数目超过三个）两类，如图4-31所示。

图4-31　集成稳压器

4.8.1　集成稳压器的图形符号和文字符号

在电路图中集成稳压器常用字母IC表示，电路图形符号如图4-32所示，图4-32为电路图中的稳压器。

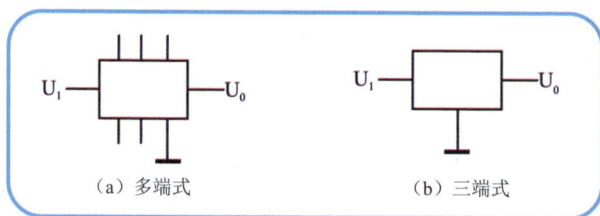

图4-32　稳压器的电路图形符号

IC8为文字符号，78M15为型号，1，2，3为三个引脚标号。

IC9为文字符号，79M05为型号，1，2，3为三个引脚标号。

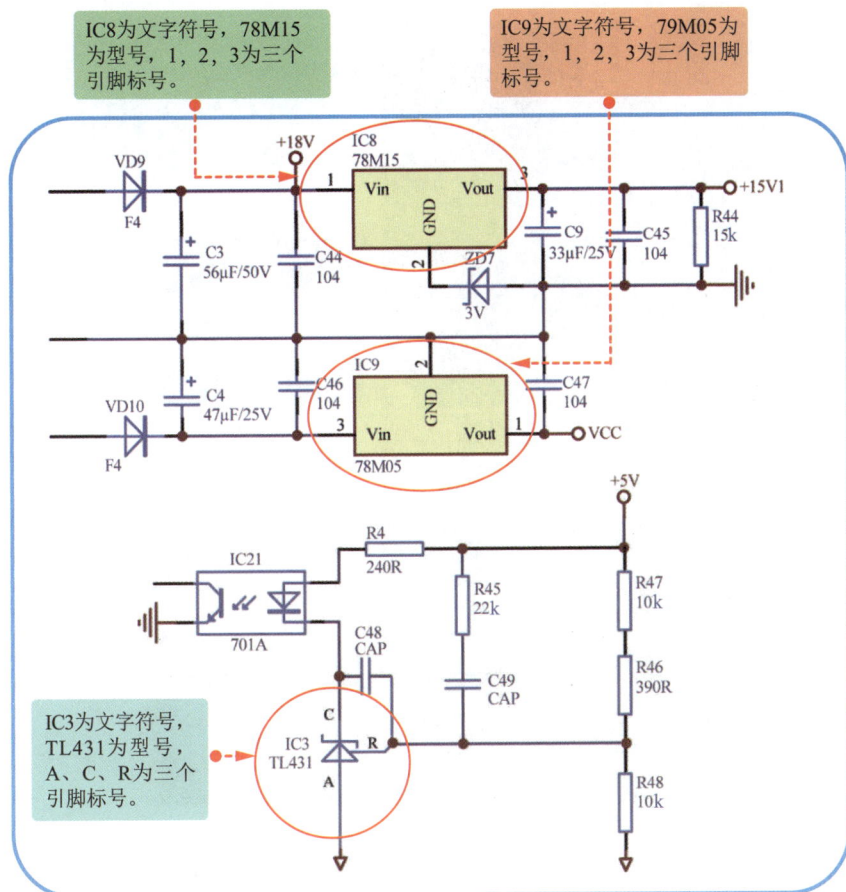

图4-32　电路图中的稳压器

4.8.2　集成稳压器检测实战

使用测量电压的方法检测集成稳压器是实践中常用的方法，具体检测方法如图4-33所示。

第1步：首先检查待测集成稳压器是否有烧焦或针脚断裂等明显的物理损坏，然后清洁稳压器的引脚。接着将稳压器电路板接上正常的工作电压，并将数字万用表旋至直流电压挡的量程20挡。

图4-33　检测集成稳压器

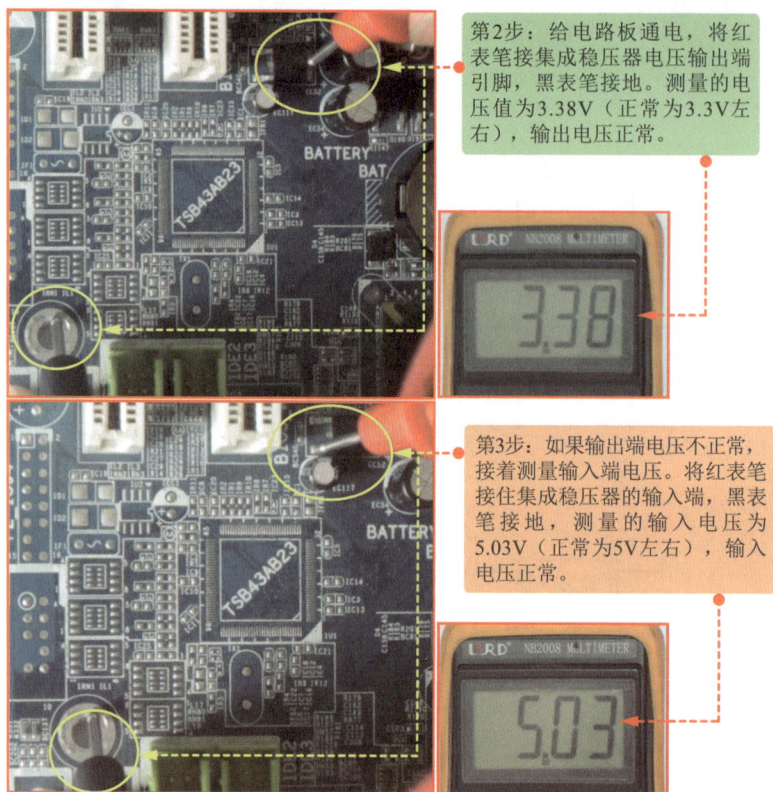

第2步：给电路板通电，将红表笔接集成稳压器电压输出端引脚，黑表笔接地。测量的电压值为3.38V（正常为3.3V左右），输出电压正常。

第3步：如果输出端电压不正常，接着测量输入端电压。将红表笔接住集成稳压器的输入端，黑表笔接地，测量的输入电压为5.03V（正常为5V左右），输入电压正常。

图4-33　检测集成稳压器（续）

检测结论：从测量结果来看，输出电压和输入电压均正常，集成稳压器质量正常。如果输入端电压正常，输出端电压不正常，则稳压器或稳压器周边的元器件可能有问题。接着检查稳压器周边的元器件，如果周边元器件正常，则稳压器有问题，需更换稳压器。

4.9　认识霍尔元器件及其检测实战

霍尔元器件是一种基于霍尔效应的磁传感器，可以检测磁场及其变化，一般用于在电动机中测定转子转速（见图4-34）。霍尔效应是指磁场作用于载流金属导体、半导体中的载流子时，产生横向电位差的物理现象。

4.9.1　霍尔元器件基本知识

维修电路时，通常需要参考电气设备的电路原理图来查找问题，下面我们来识别电路图中的霍尔元器件。霍尔元器件一般用字母SH和H来表示。如图4-35所示为霍尔元器件的图形符号和电路图中的霍尔元器件。

霍尔元器件，第1引脚为电源脚，第2引脚为接地脚，第3引脚为信号脚。

如果把霍尔元器件集成的开关按预定位置有规律地布置在物体上，当装在运动物体上的永磁体经过它时，可以从测量电路上测得脉冲信号。由于霍尔元器件在不同位置上产生不同的脉冲信号，从而实现对物体位置的监测。

图4-34 电动机中的霍尔元器件

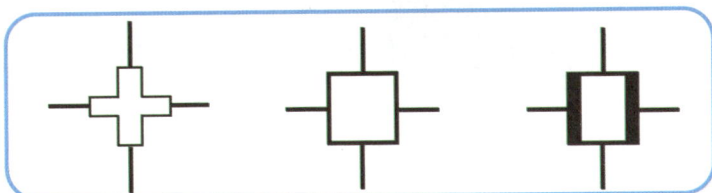

（a）霍尔元件的图形符号

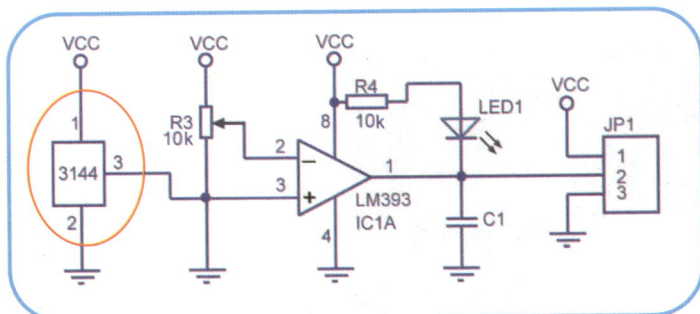

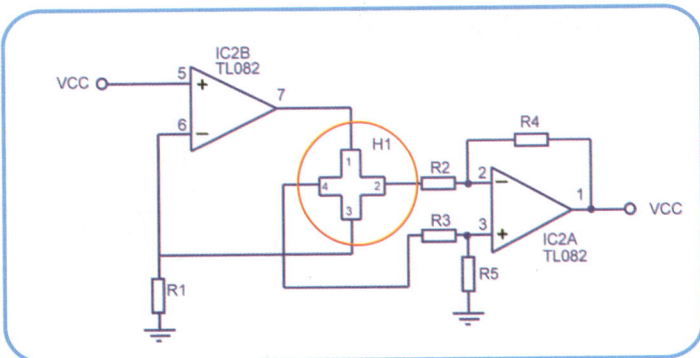

（b）电路图中的霍尔元件

图4-35 霍尔元件的图形符号和电路图

4.9.2　电动自行车霍尔元器件检测实战

霍尔元器件的好坏可以使用数字万用表二极管挡检测其供电引脚和接地引脚、信号引脚和接地引脚的阻值来判断。如果对地阻值为0，说明霍尔元器件击穿短路；如果各脚对地阻值为无穷大，说明霍尔元器件内部断路。

霍尔元器件好坏检测方法如图4-36所示。

图4-36　霍尔元器件好坏检测方法

在电动自行车维修中，检测电动机中的霍尔元器件时，还可以使用修车宝来检测，如图4-37所示。

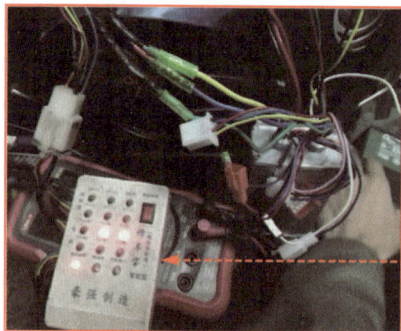

方法1：电动机未拆开的情况下，将电动机的霍尔线连接修车宝的霍尔接口，打开修车宝电源开关，然后转动电动机，如果霍尔指示灯交替点亮并闪烁，说明霍尔元器件正常。如果霍尔指示灯不亮或常亮，说明霍尔元器件损坏。

方法2：电动机拆开的情况下，将电动机的霍尔线连接修车宝的霍尔接口，打开修车宝电源开关。然后用一块磁铁在定子霍尔元器件上方移动，如果修车宝上的霍尔指示灯交替点亮并闪烁，说明霍尔元器件正常。如果霍尔指示灯不亮或常亮，说明霍尔元器件损坏。

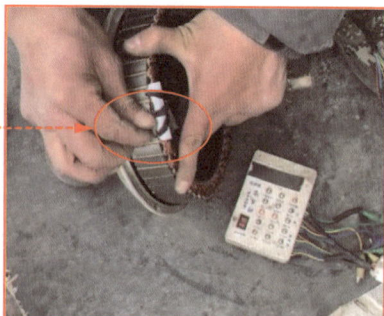

图4-37　检测电动机中的霍尔元器件

第 5 章

电动自行车故障测试点
与维修方法

前面的章节主要讲解了电动自行车的组成结构、工作原理及常见电子元器件检测等基本知识，本章将正式进入电动自行车维修实践，重点总结电动自行车主要部件故障判断和维修方法。

5.1 常用的故障维修方法

电动电动自行车的故障类型较多，针对每种故障有不同的检测方法，比如在检测充电器故障时，可以测量其输出电压来判断其是否正常。再比如判断控制器中的电子元器件好坏时，就可以通过测量其电阻值来判断。下面将重点讲解电动自行车故障检测过程中常用的故障维修方法。

5.1.1 测电压法

测量电压是电动自行车维修过程中常用的方法之一，主要是用数字万用表的直流电压挡，测量疑似故障部件的电压及电压变化，然后与正常电压值进行比较，确定故障部件。测电压法如图5-1所示。

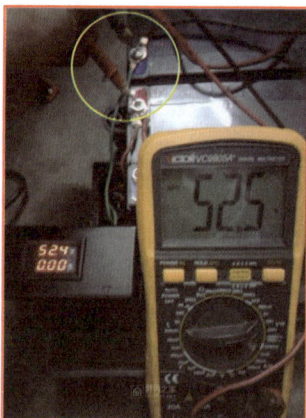

图5-1　测电压法

5.1.2 测电阻法

测电阻主要是通过测量元器件阻值大小来大致判断其好坏，以及判断电路中严重短路和断路的情况。测电阻法如图5-2所示。

图5-2　测电阻法

5.1.3　测通断法

测通断法主要应用在检测线路故障上。用数字万用表的蜂鸣挡（二极管挡）测量线路的状态。如果线路相通，蜂鸣器会发出蜂鸣响声。测通断法如图5-3所示。

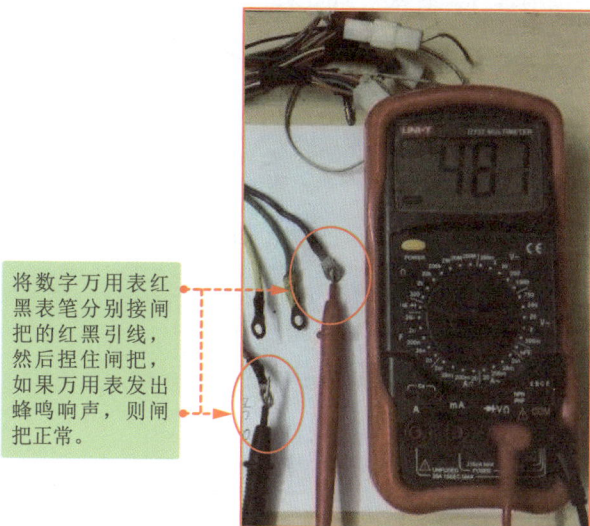

将数字万用表红黑表笔分别接闸把的红黑引线，然后捏住闸把，如果万用表发出蜂鸣响声，则闸把正常。

图5-3　测通断法

5.1.4　断开法

断开法是指在断开故障嫌疑部件的连接后，运行电动自行车，再查看故障是否消失；如果消失则故障是断开部件引起的。断开法如图5-4所示。

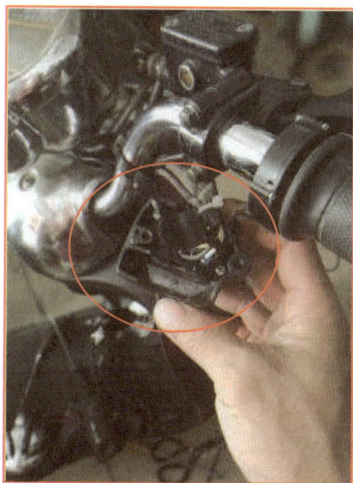

图5-4　断开法

5.1.5　替换法

替换法就是用好的部件去替换怀疑有问题的部件，若故障消失，说明判断正确，否则需要进一步检查、判断。用替换法检测时，应依照故障现象判断故障，且重点检查故障率最高的部件。替换法如图5-5所示。

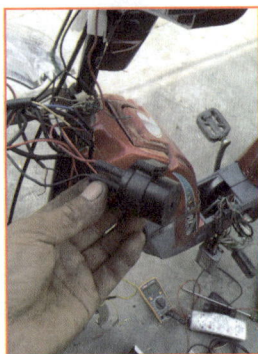

图5-5　替换法

5.2　电动机故障测试点及维修方法

当电动自行车出现不能启动、不能转动、抖动、转动无力并伴有"喀喀"响声、转转停停、时不时不转等现象时，在排除了其他小部件问题后，需要重点检查电动机。

对无刷电动机的检测（目前市场上以无刷电动机为主）主要从霍尔元件、电机绕组、空载电流三方面着手。

5.2.1　电动机拆装方法

对于维修电动自行车来说，拆装电动机是基本技能，电动机的拆卸方法如图5-6所示。

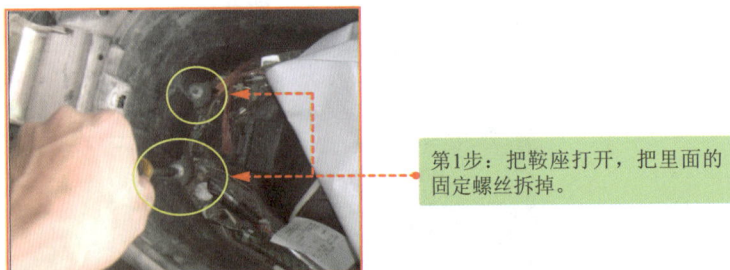

第1步：把鞍座打开，把里面的固定螺丝拆掉。

图5-6　电动机的拆卸方法

第2步：拔掉电动机和控制器的连线，并观察连接线的颜色是否对应。如果不对应，要做好原引线的标记，以免安装时接错。

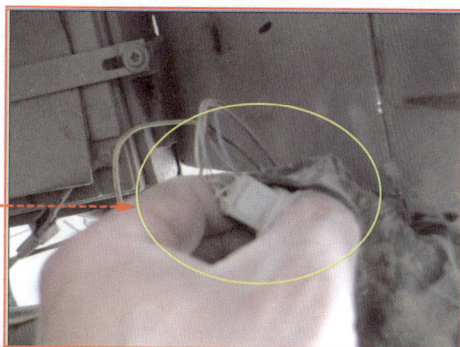

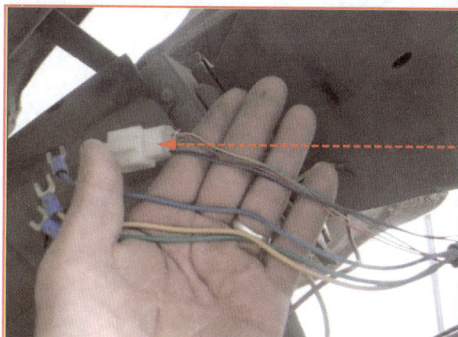

第3步：把霍尔元器件线插头去掉。

第4步：把后轮两边的侧盖拆掉。

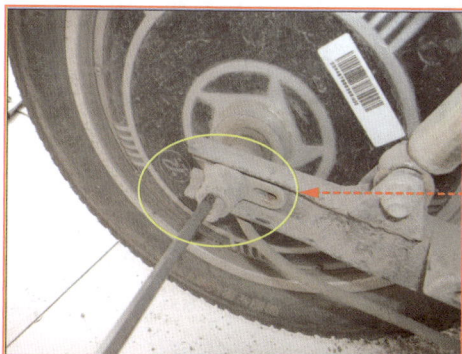

第5步：把后轮的固定螺丝拆掉。

图5-6　电动机的拆卸方法（续）

第6步：继续拆卸后轮的固定螺丝。

第7步：松开电动机外壳的固定螺丝。注意，松开前先用锤子轻轻敲击螺丝附近及端盖，这样比较容易拆一些。

第8步：用平口螺丝刀撬开电动机的端盖。撬动时要小心，不要损伤电动机的端盖。

第9步：从有引线一端打开电动机，打开时把木板垫在地面上，双手端着轮胎，稍稍用力向下压电动机轴，使定子从中脱出。如果太紧也可以保持竖直轻轻向木板磕几下，切记不能用蛮力，否则会损坏定子。

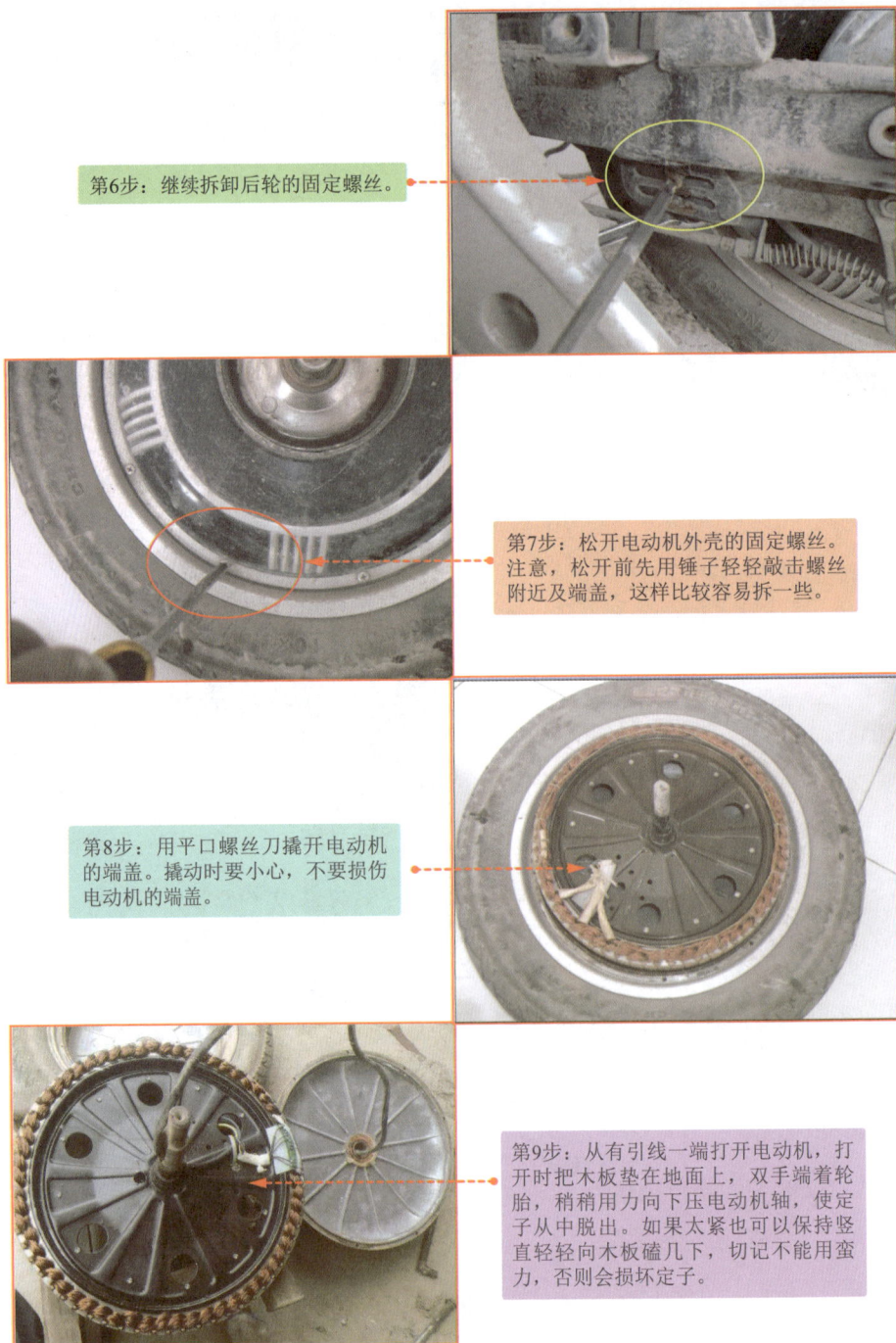

图5-6　电动机的拆卸方法（续）

5.2.2　霍尔元器件故障测试点与维修方法

　　电动自行车无刷电动机的定子上安装有三只霍尔元器件，其作用是检测转子的位置信号，并传给控制器中的主处理器芯片，然后主处理器根据位置信号，调整输出的PWM控制信号从而控制电动机转动。当电动机中的霍尔元器件有一只损坏时，通常会出现电动机抖动的现象；如果有两只霍尔元器件损坏，通常电动机就无法转动了。霍尔元器件的引脚与引线如图5-7所示。

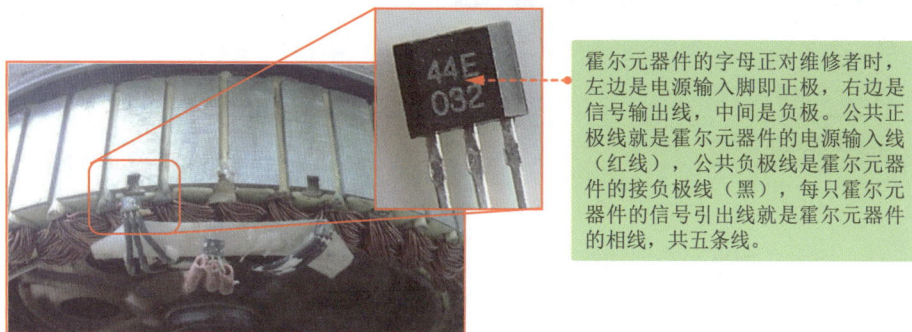

　　霍尔元器件的字母正对维修者时，左边是电源输入脚即正极，右边是信号输出线，中间是负极。公共正极线就是霍尔元器件的电源输入线（红线），公共负极线是霍尔元器件的接负极线（黑），每只霍尔元器件的信号引出线就是霍尔元器件的相线，共五条线。

图5-7　霍尔元器件的引脚与引线

1．用修车宝测量霍尔元器件

　　在维修实践中，经常用修车宝测量霍尔元器件，具体如图5-8所示。

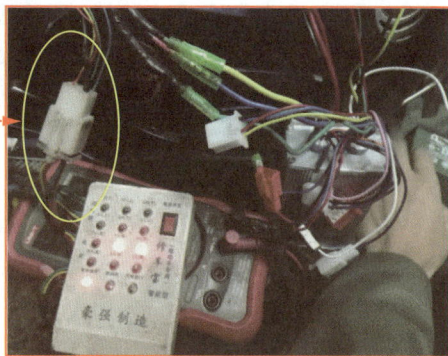

　　将电动机中的霍尔元器件引线连接到修车宝，然后接入电源，转动车轮。正常情况下，修车宝上的三个LED指示灯是交替闪烁的；如果有一个或多个指示灯不闪烁则霍尔元器件损坏；如果有一个或多个指示灯不亮说明霍尔元器件损坏；如果三个指示灯均不亮，则红、黑引线断路。

图5-8　用修车宝测量霍尔元器件

2．电压法检测霍尔元器件

　　电压法是检测霍尔元器件的常用方法，具体如图5-9所示。

第1步：将电动机的引线与控制器连接好，打开电源开关，将数字万用表调到直流电压挡的40V挡。红表笔接霍尔正极电源线（通常为红色细线），黑表笔接霍尔地线（通常是黑色细线），测量霍尔元器件的供电电压，正常电压应为5V左右。

第2步：接着用黑表笔接霍尔地线，红表笔接其中一条霍尔相线（黄色、绿色、蓝色细线），用手慢慢转动车轮，正常情况下数字万用表的读数在0~5V之间变动。若保持5V或0V不变，则表示该相的霍尔元器件已损坏。同样方法测量另两条霍尔相线即可。

图5-9　电压法测量霍尔元器件

3. 电阻法测量霍尔元器件

用电阻法也可较快判断霍尔元器件的好坏，具体如图5-10所示。

第1步：将电动机与控制器的连线插头拔下来。用数字万用表欧姆挡的40k挡检测。将黑表笔接电动机霍尔引线的地线，然后红表笔分别测霍尔引线的三条相线（一般为黄绿蓝三色），三个的阻值应基本一致，约7.5kΩ左右。

第2步：将表笔对调，红表笔接细黑色的霍尔元件地线，黑表笔分别接霍尔元器件的三条相线，三次测量的结果应该是无穷大。否则，说明霍尔元器件损坏。

图5-10　电阻法测量霍尔元器件

5.2.3　电动机绕组故障测试点与维修方法

电动机绕组如果出现断路或短路故障会导致电动机不转动。检测电动机绕组问题时，主要通过检测电动机引线中的相线阻值来判断，如图5-11所示。

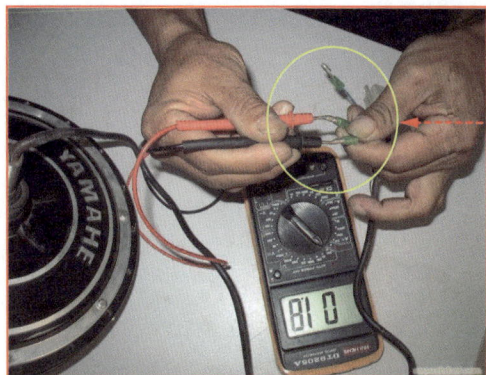

首先拆开电动机与控制器的连线，将数字万用表挡位调到欧姆挡的400挡，测量电动机三条相线两两之间的电阻值，正常阻值为5Ω左右。如果阻值为无穷大，说明绕组有断路故障；如果阻值为0，则绕组有短路故障。

图5-11　电动机绕组故障检修方法

另外，应测量一下每个相线与电动机壳体间的绝缘阻值，正常应为无穷大，否则表示相线有搭铁问题。

5.2.4　电动机空载电流故障测试点与维修方法

电动机空载电流是指电动机在没有任何负荷的情况下最大转速所需要的电流值。如果电动机的空载电流过大，会导致电动机转动无力或电动机发热等故障。

电动机空载电流过大的原因主要有：电动机轴承生锈、刹车皮拖刹、磁钢片脱掉、卡滞定子、绕组局部短路等。如果测量的电动机空载电流过大，应重点检查这几个方面。

电动机空载电流检测方法如图5-12所示。

首先将电动自行车的驱动轮离地，将数字万用表调到直流电流挡10A。然后将万用表串联在控制器的电源输入端。打开电源开关，在电动机不转动的情况下，记录电流数值为I_1。然后转动转把到最大速度，等到最大速度稳定后，读取电流数值I_2。此时电动机的空载电流就为I_1-I_2。

图5-12　空载电流检测方法

正常情况下，无刷无齿电动机的空载电流为0.6A（额定电压为36V）或1A（额定电压为24V）。无刷有齿电动机的空载电流则为1A（额定电压为36V）或1.7A（额定电压为24V）。如果空载电流大于此值，就需要详细检查电动机。

5.2.5 电动机定子维修方法

电动自行车的电动机进水后会导致电动机内部的定子生锈，就会增加电动机的耗电量，缩短续航里程，同时还可能导致电动机噪音增大，处理方法如图5-13所示。

对于生锈的定子，一般用砂布将锈迹清理干净即可。

图5-13 处理定子故障

5.2.6 电动机磁钢维修方法

磁钢是永磁体，其作用是产生磁场，电动自行车电动机的磁钢用树脂胶固定在车轮轮毂上。

电动机磁钢常见故障有磁钢脱落和磁钢生锈，这些故障会导致电动机转动无力、转速慢、带载能力差、有异响、定子扫膛等现象，维修方法如图5-14所示。

第1步：由于磁钢脱落后有时在原位置不动，不易发现，因此检查时可用橡皮锤敲击磁钢来查验是否脱落。

图5-14 磁钢脱落检测与维修方法

第2步：对于脱落的磁钢，维修时，应先清理磁钢脱落位置残留的树脂胶和铁锈。具体方法为用砂布或电动打磨轮打磨，然后用布清理干净。

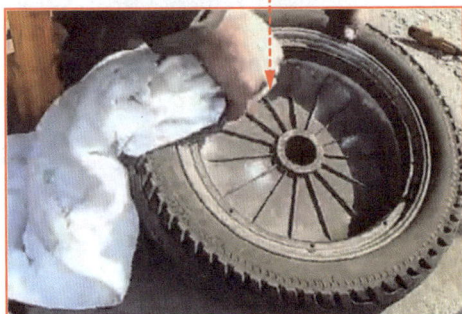

第3步：然后用磁钢专用胶或AB胶将磁钢粘牢。粘接时，要按N、S顺序排列。

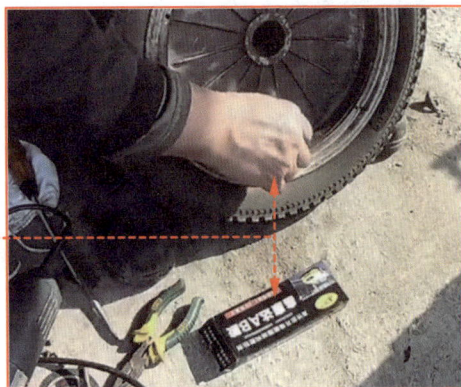

图5-14 磁钢脱落检测与维修方法（续）

5.2.7 电动机轴承维修方法

电动自行车的电动机中有两个轴承，当轴承损坏后，电动机转动时，会有很大的噪声。如果轴承损坏严重，滚珠或内衬磨损后掉到电动机内部，会造成扫膛，将线圈磨坏。轴承故障检测与维修方法如图5-15所示。

第1步：检测电动机轴承时，首先将电动自行车车架支起来，然后转动电动机听声音。如果声音很大，且有"咕噜咕噜"的响声，通常是轴承有问题。

第2步：停止转动，然后扳动车轮，如果车轮有晃动，有间隙，则说明电动机轴承有问题了。

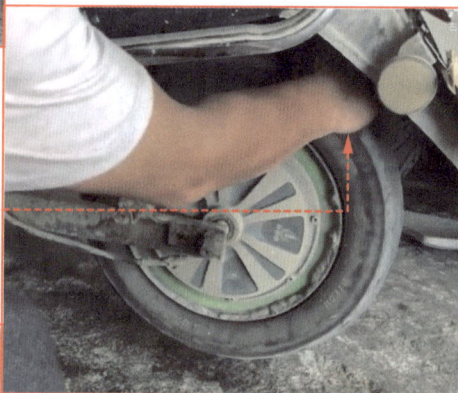

第3步：轴承损坏后，直接更换新轴承即可。更换轴承时，将端盖垫起来，然后用工具将轴承敲下来。注意别损坏了端盖。

第4步：对于与定子连在一起的轴承，拆卸时可以用拉力器取下旧轴承。如果没有拉力器就只能用工具将轴承慢慢敲下来。拆卸轴承时，可以在轴上涂抹机油润滑。

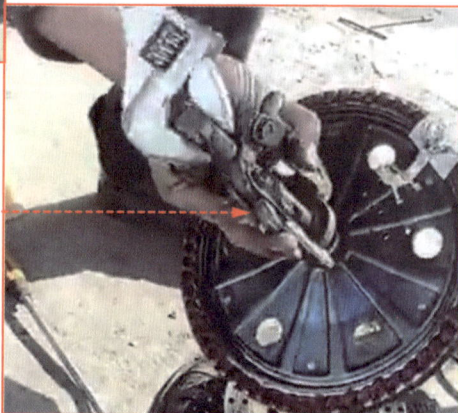

图5-15　电动机轴承检测与维修方法

第5步：将新轴承安装到端盖上，可以用锤子慢慢敲击使其安装到位。

第6步：用同样的方法将另一只新轴承安装到轮毂中。

第7步：轴承安装好后，将电动机装好，并试一下转动是否顺畅，是否有噪声，确认没有问题后再将车轮装到电动自行车上。

图5-15　电动机轴承检测与维修方法（续）

5.3　控制器故障测试点及维修方法

控制器是用来控制电动机的启动、运行、进退、速度、停止及电动自行车的闸把等其他部件的核心控制器件，一旦出现问题将导致电动自行车无法正常运转。本节将重点详解控制器故障的测试检修方法。

5.3.1 控制器故障原因分析

电动自行车控制器常见故障为控制器失效，引起控制器失效的原因主要有内部电源电路损坏、功率元器件损坏、线路连接接触不良等。如图5-16所示。

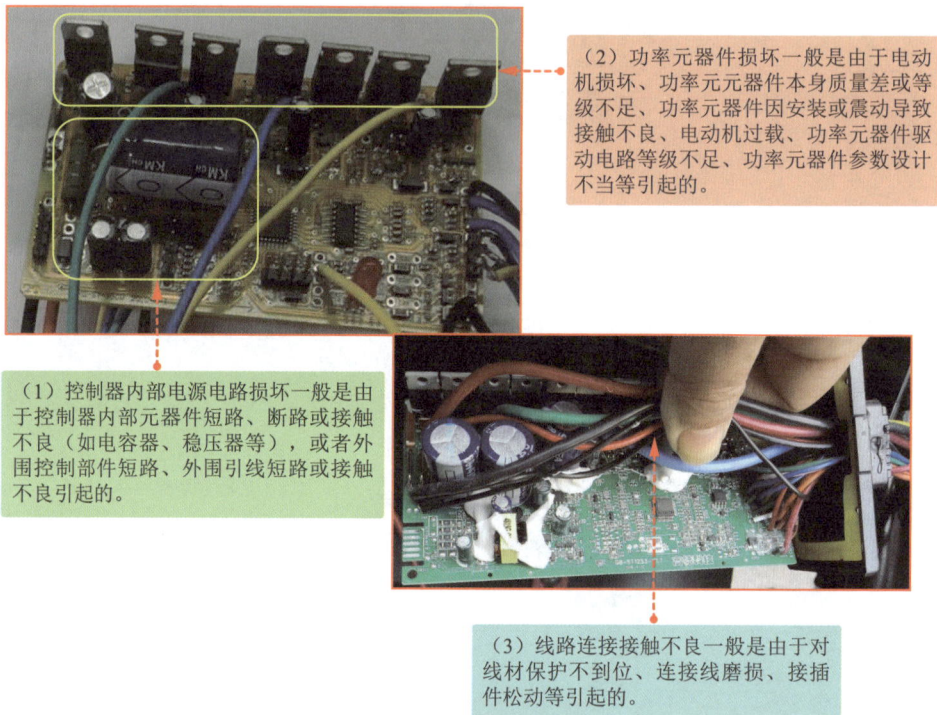

（2）功率元器件损坏一般是由于电动机损坏、功率元元器件本身质量差或等级不足、功率元器件因安装或震动导致接触不良、电动机过载、功率元器件驱动电路等级不足、功率元器件参数设计不当等引起的。

（1）控制器内部电源电路损坏一般是由于控制器内部元器件短路、断路或接触不良（如电容器、稳压器等），或者外围控制部件短路、外围引线短路或接触不良引起的。

（3）线路连接接触不良一般是由于对线材保护不到位、连接线磨损、接插件松动等引起的。

图5-16　控制器故障原因分析

5.3.2 通过测量电阻值判断控制器好坏

电动机控制器好坏可以通过万用表测量电阻值来判断，具体步骤如图5-17所示。

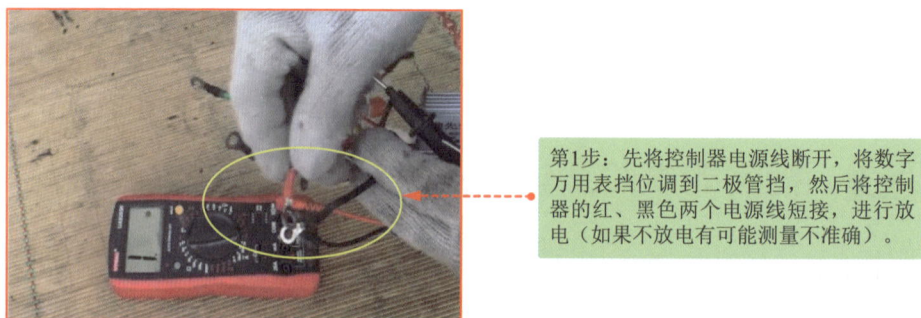

第1步：先将控制器电源线断开，将数字万用表挡位调到二极管挡，然后将控制器的红、黑色两个电源线短接，进行放电（如果不放电有可能测量不准确）。

图5-17　控制器好坏检测

第2步：将万用表红表笔接控制器的电源负极线（黑线），准备测量。

第3步：黑表笔依次接控制器的蓝、绿、黄三线测量，测量结果如果在500左右（因型号不同会有不同），且三次测量值基本一致，说明控制器正常。如果测量值中出现0或无穷大，则说明控制器电路有问题。需检查电路中易坏元器件（如功率MOS管、电容器等）。

第4步：将万用表黑表笔接控制器的电源正极线（红线），准备测量。

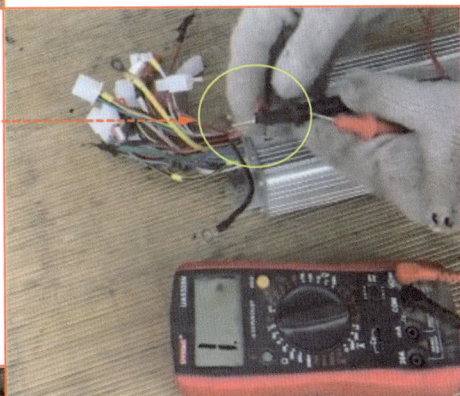

第5步：红表笔分别接蓝、绿、黄三线测量，测量值正常也为500左右，且三个值基本相等，如果测量值中出现0或无穷大，则说明控制器损坏。

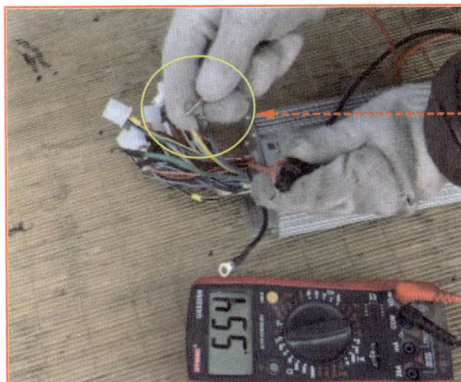

图5-17　控制器好坏检测（续）

5.3.3　用修车宝检测控制器好坏

控制器还可以用修车宝进行检测，具体步骤如图5-18所示。

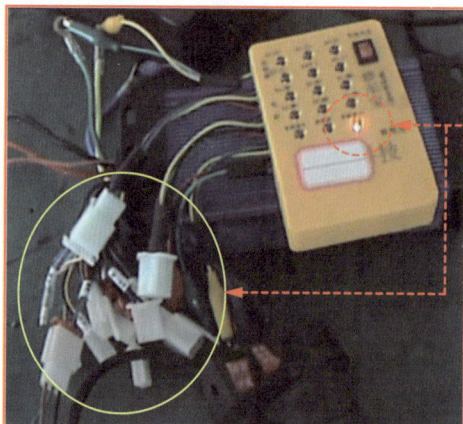

第1步：断开控制器与电动机的连线，然后将控制器的红、黑、蓝、绿、黄五根引线与修车宝中控制器检测线相连，打开电源锁和修车宝电源开关。这时修车宝电源指示灯会亮。

第2步：将转把转至最大位置，观察控制器对应颜色线上的指示灯是否依次有规律交替闪烁，如果是则控制器正常。如果有一组指示灯不亮或常亮，说明该相线对应的功率MOS管可能已经损坏。

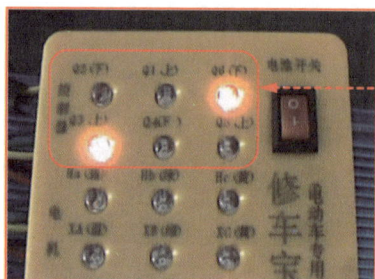

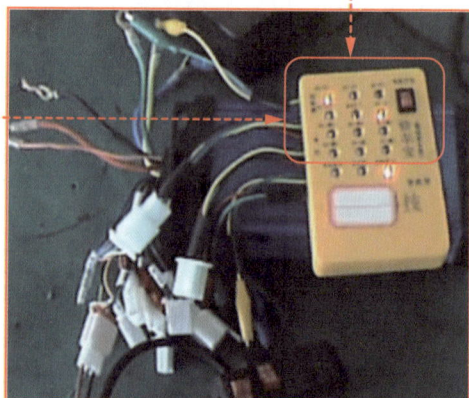

图5-18　用修车宝检测控制器

5.3.4　控制器电路故障测试点与维修方法

在判断控制器好坏时，还可以通过测量控制器的几处电压测试点来判断，具体步骤如图5-19所示。

第1步：拆开控制器外壳，然后检查电路板中有没有烧坏的元器件。

第2步：重点检查电容器、功率MOS管等易坏元器件。

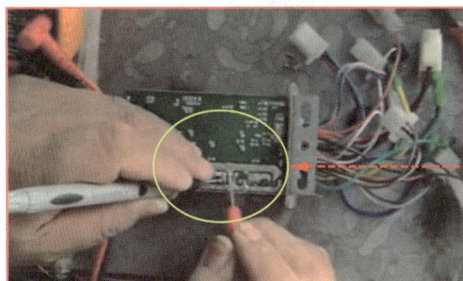

第3步：断开控制器电源线，然后用数字万用表的二极管挡，测量每只功率管任意两只引脚。看看是否有值为0。如果有则功率管损坏。另外将同一位置的功率管相同引脚测量值对比，如果有值与其他管的值不同，则这只可能有问题。最好拆下再测量以判断其好坏。

第4步：断开控制器电源线，然后用数字万用表的20k欧姆挡，测量电容器两只引脚间阻值。如果阻值为0，则电容器击穿损坏。

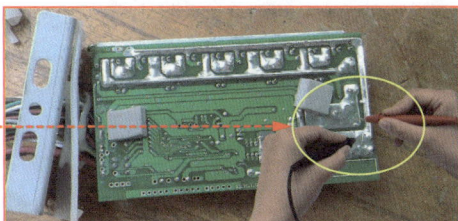

第5步：测量控制器12V或15V供电是否正常。连接控制器电源，并打开电源锁，然后将数字万用表调到直流电压20V挡，黑表笔接15V或12V稳压器的接地脚（中间引脚），红表笔接输出脚（一般正面朝上最右侧引脚）。如果没有输出电压，则重点检查供电电路。

图5-19　控制器电路故障测试点与检测方法

第6步：测量控制器5V供电是否正常。连接控制器电源，并打开电源锁，然后将数字万用表调到直流电压20V挡，黑表笔接5V稳压器的接地脚，红表笔接输出脚。如果没有输出电压，则重点检查供电电路。

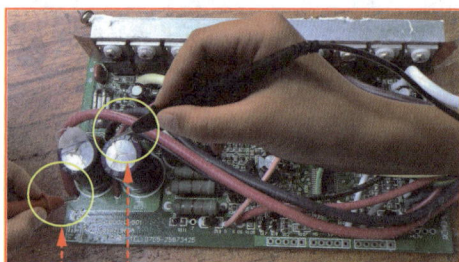

接地脚

12V稳压器

7812

输入脚 → ← 输出脚

接地脚

第7步：如果控制器中没有5V或15V输出电压，先检查控制器的红、黑线是否有电池输入电压。如果无输入电压，重点检查引线接口是否接触不良。如果有输入电压，则检查红线到稳压器输入引脚间的元器件是否损坏，比如电阻器开路等。

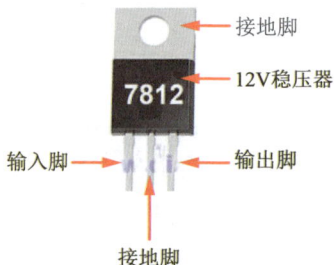

图5-19 控制器电路故障测试点与检测方法（续）

测量分析：如果稳压器输入电压正常而无输出电压，说明稳压器本身存在故障。如果输出电压低且电流大，脱开负载后恢复正常，说明负载异常。如输出电压小且电流小，说明稳压器内阻大，已经损坏。

5.3.5 控制器替换接线方法

在电动自行车维修实践中，控制器出现故障的常用处理方法是替换，如图5-20所示为控制器替换时的接线方法。

电门锁+电源
拨挡超三挡
自学习
倒车
定速巡航
高电平刹车
低电平刹车
电机霍尔
调速转把
防盗报警
报警电源
电机相位线
速度表信号

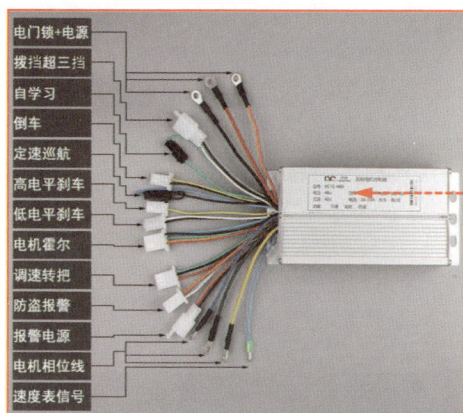

第1步：查看新控制器说明，了解清楚控制器各个引线的功能。

第2步：将故障控制器引线剪下来，并将接口插到电动自行车各个引线的接口中（即保留原先的接口）。

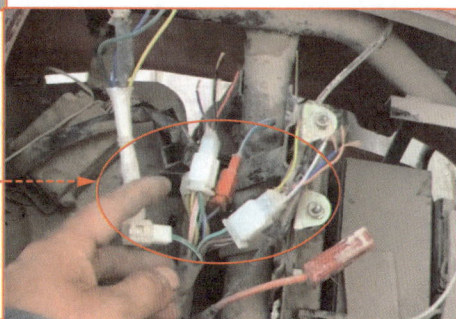

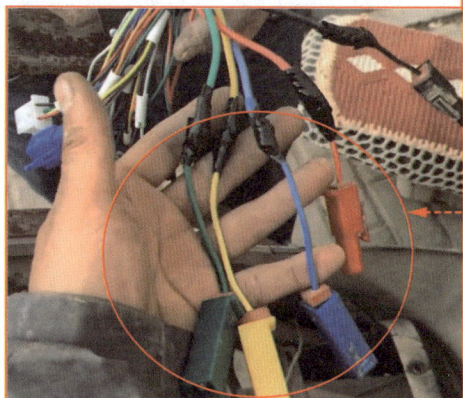

第3步：将新控制器中的电动机各相引线（蓝黄绿）、电源线、霍尔线、电源开关线与原接口连接起来。

第4步：连接电动机的三个相线。

图5-20　控制器接线方法

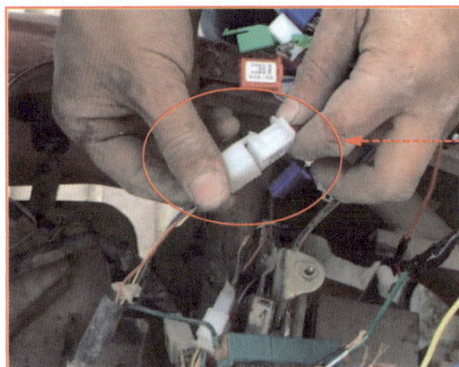

第5步：连接电动机的霍尔引线。如果连接相线和霍尔线后，电动机反转（控制器没有自学习功能），那将霍尔引线调整为绿线接黄线，黄线接绿线；将相线调整为蓝线接黄线，黄线接蓝线。即可调整电动机的转动方向。

第6步：连接电源引线（红线和黑线）。

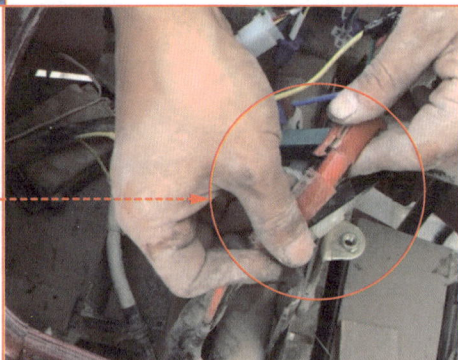

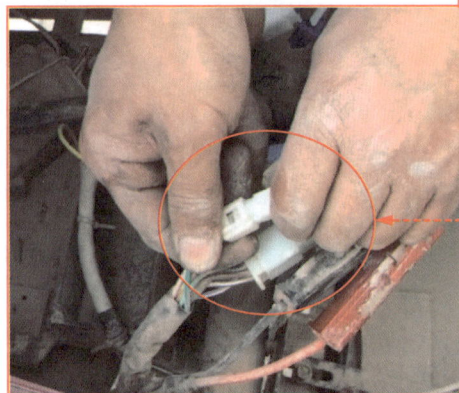

第7步：连接闸把引线。

第8步：将电动自行车的电源线连接。

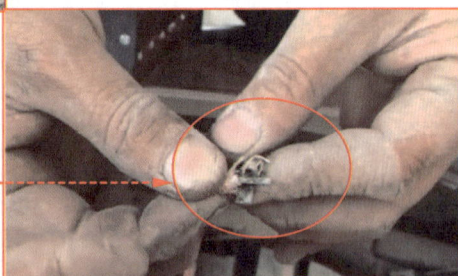

图5-20　控制器接线方法（续）

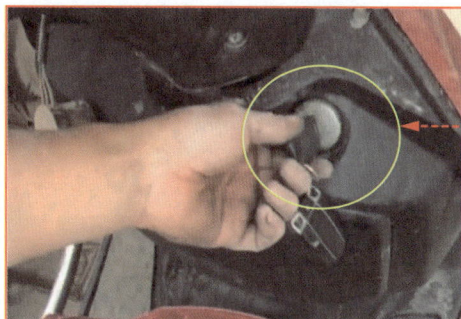

第9步：拧开电源钥匙。

第10步：检查电源指示灯是否亮，如果亮说明控制器供电正常。

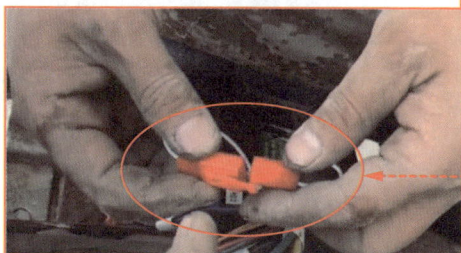

第11步：准备调试控制器，将控制器调试线（学习线）接好。

第12步：观察车轮转动情况（车轮要提前垫起来）。转动时间达到10s以上，才可以拔调试线，这样控制器和电动机会匹配得更好。

图5-20　控制器接线方法（续）

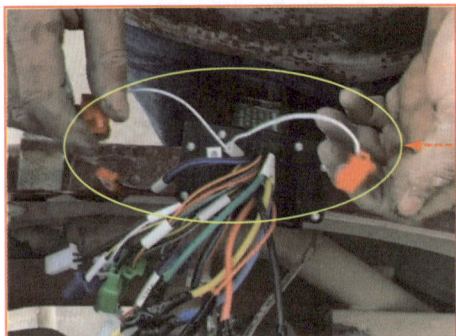

第13步：调试完毕后，拔掉调试线。

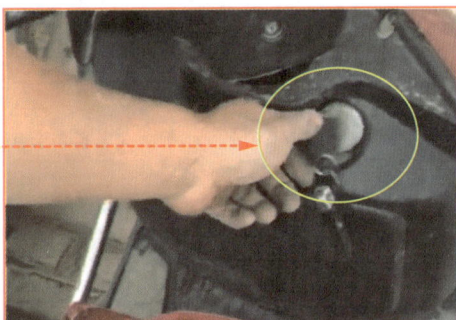

第14步：关闭电源开关钥匙，并断开电源线。

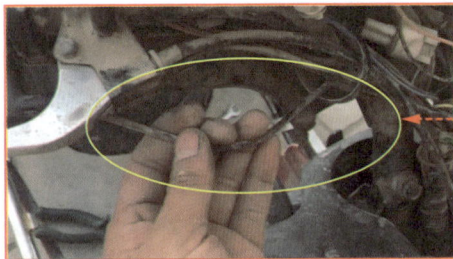

第15步：找到转把线的接口线，从转把引出的引线开始捋引线。

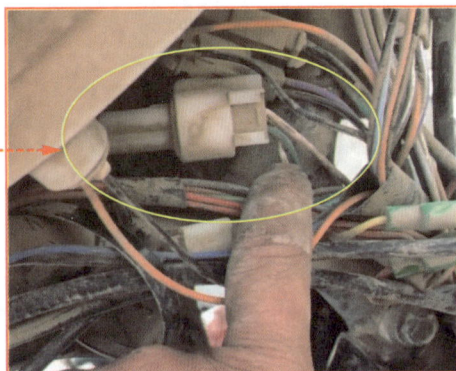

第16步：找到转把引线的接口，然后查看接口引线的颜色（这里是绿、粉、黄）。

图5-20　控制器接线方法（续）

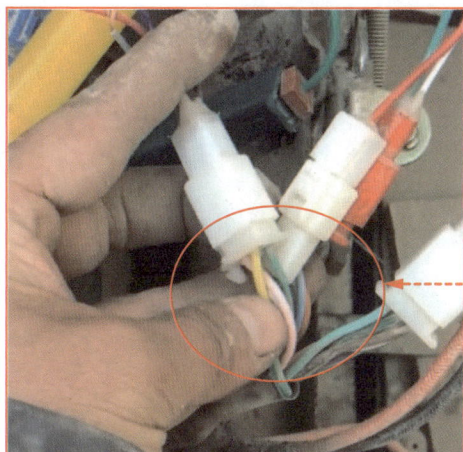

第17步：在剪断的故障控制器引线中找到绿、粉、黄线的接口，此接口就是转把线接口。

第18步：将新控制器中的转把线与此接口相连。

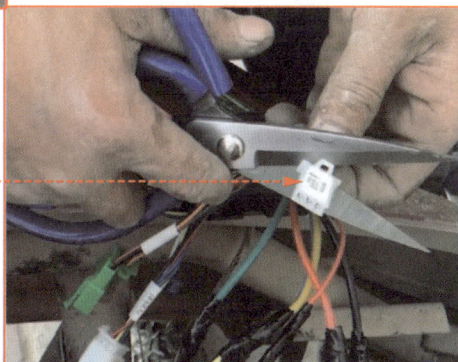

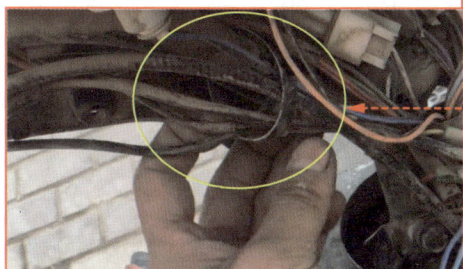

第19步：从挡位开关开始找挡位引线的接口。

第20步：找到接口，引线颜色应为绿、青、棕色，再在剪断的故障控制器引线中，找到同颜色线，将其与新控制器相应颜色线相连接。

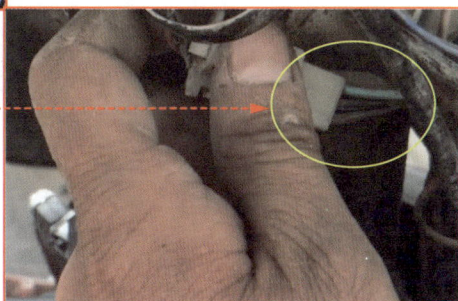

图5-20　控制器接线方法（续）

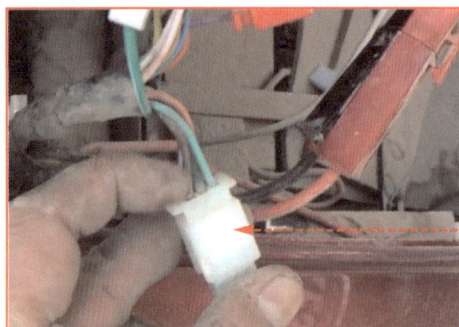

第21步：用同样的方法继续查找刹车线、显示屏线等其他设备引线，并将其连接到新控制器。

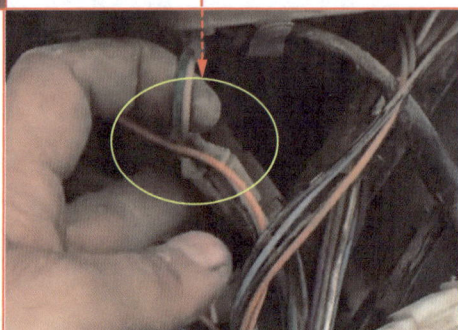

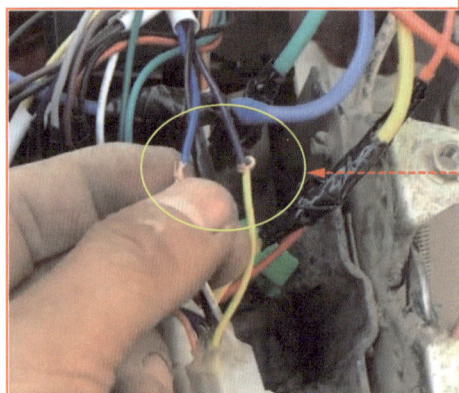

第22步：检查挡位线是否连接正确。因为此线顺序接错后，会导致挡位显示错误。

第23步：先将电源线接好，然后打开钥匙开关，并将挡位调到低速挡（1挡）。

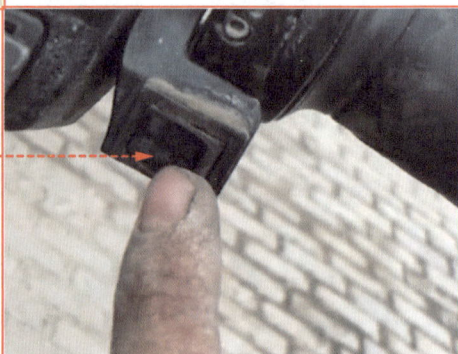

图5-20　控制器接线方法（续）

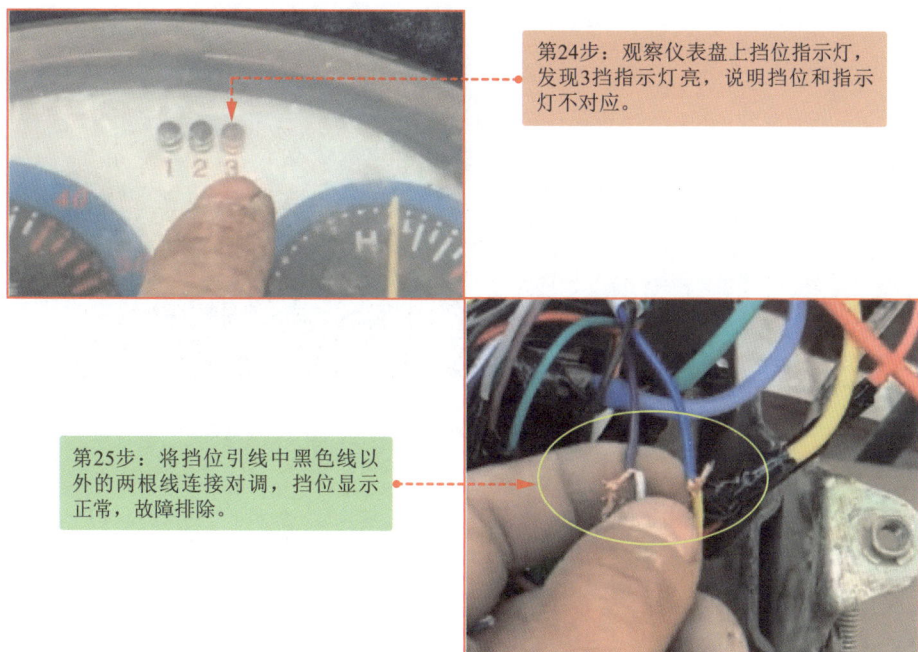

第24步：观察仪表盘上挡位指示灯，发现3挡指示灯亮，说明挡位和指示灯不对应。

第25步：将挡位引线中黑色线以外的两根线连接对调，挡位显示正常，故障排除。

图5-20　控制器接线方法（续）

5.4　转把故障测试点及维修方法

转把损坏会造成电动机不运转、高速运转、低速运转、时转时停等故障现象。造成转把故障的原因主要是无输出信号、输出信号电压高等。

5.4.1　测电压法判断转把好坏

维修实践中，可以通过测转把的电压来判断转把好坏，具体方法如图5-21所示。

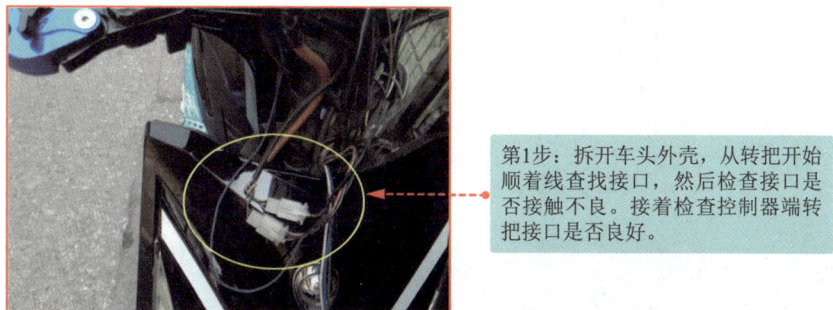

第1步：拆开车头外壳，从转把开始顺着线查找接口，然后检查接口是否接触不良。接着检查控制器端转把接口是否良好。

图5-21　通过测转把的电压来判断转把好坏

第2步：将转把接电，然后将数字万用表调至直流电压20V挡，红表笔接红线，黑表笔接黑线。测量供电电压是否是5V。如果电压不正常，则检查控制器端电源电路。

第3步：如果电压正常，接着将数字万用表调整直流电压20V挡，红表笔接绿线，黑表笔接黑线。测量供电电压，并同时转动转把，看测量的电压是否在1~4.2V之间变化。如果有变化的电压，则转把正常，否则转把损坏。

图5-21　通过测转把的电压来判断转把好坏（续）

5.4.2　用修车宝判断转把好坏

修车宝检测转把好坏的方法如图5-22所示。

第1步：将转把的三根引线与修车宝的转把接口相连，然后打开修车宝电源开关。可以看到修车宝电源指示灯亮。

图5-22　修车宝检测转把好坏的方法

第2步：转动转把，如果看到修车宝上转把指示灯由暗变亮，亮度不断变化，说明转把是好的。如果指示灯不亮或常亮，说明转把损坏。

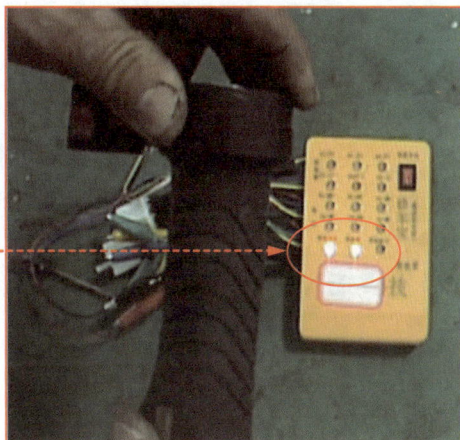

图5-22 修车宝检测转把好坏的方法（续）

5.5 闸把故障测试点及维修方法

闸把有故障时，通常会造成电动机不运转、刹车无效等故障。造成闸把故障的原因主要是闸把引线常通、不通或有时通、有时不通等。

闸把故障测试点及维修方法如图5-23所示。

第1步：拆开车头部分外壳，然后顺着闸把线查找引线接口，检查接口是否接触不良。

第2步：将数字万用表调到蜂鸣器挡，手捏闸把，测量闸把的红、黑两根引线，如果导通，说明闸把正常，否则说明闸把损坏，应更换新件。

第3步：将数字万用表挡位调到直流电压20V挡，打开电源锁，转动转把，让电动机转动，然后手捏闸把，测量闸把的红、黑引线，电压若为5V→0V变化，说明闸把正常，否则闸把损坏，应更换新件。

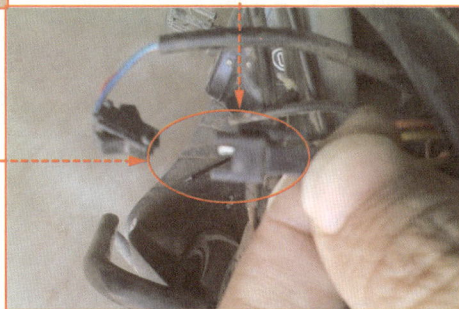

图5-23 闸把故障测试点及维修方法

5.6 电源锁故障测试点及维修方法

　　电源锁常见的故障是电门开关失灵，不能控制整车供电的开和关。电源锁损坏一般需要更新电源锁，如果是锁钥匙转动不灵活，可以加入缝纫机油或铅粉（铅笔芯粉也可以）处理。电源锁故障检测方法如图5-24所示。

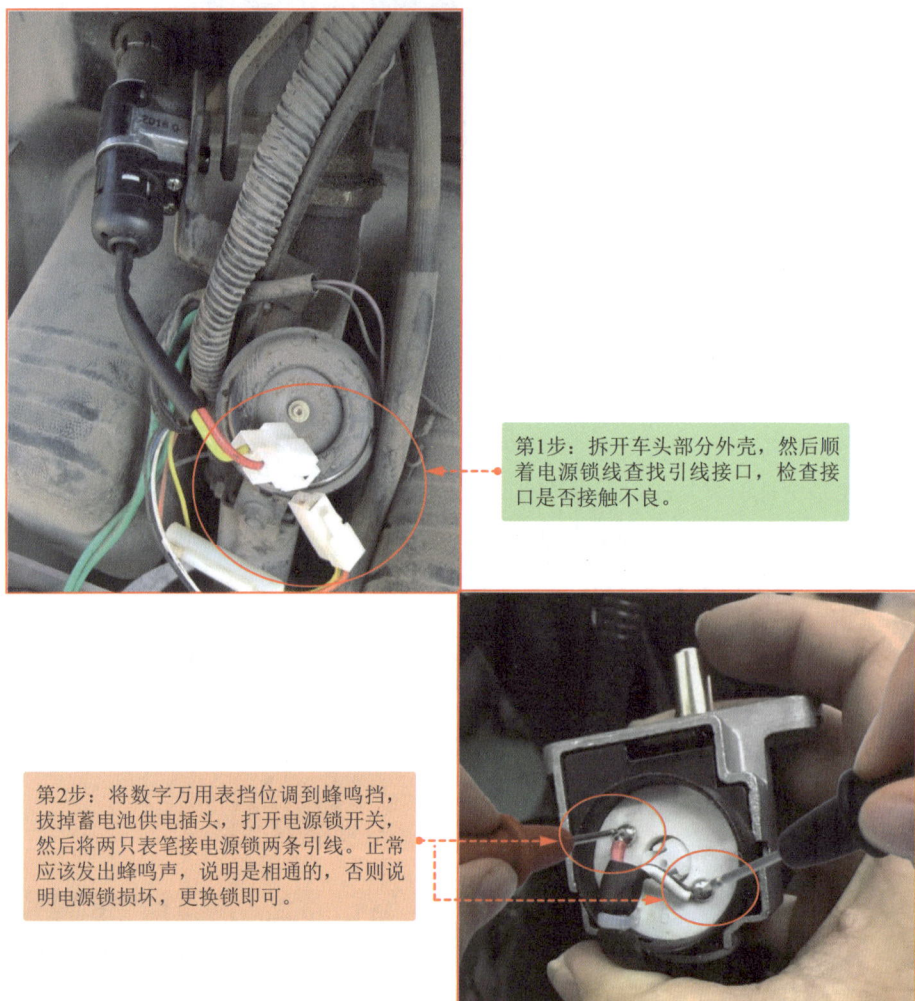

第1步：拆开车头部分外壳，然后顺着电源锁线查找引线接口，检查接口是否接触不良。

第2步：将数字万用表挡位调到蜂鸣挡，拔掉蓄电池供电插头，打开电源锁开关，然后将两只表笔接电源锁两条引线。正常应该发出蜂鸣声，说明是相通的，否则说明电源锁损坏，更换锁即可。

图5-24　电源锁故障检测方法

　　除此之外，还可以采用测量电压的方法检测电源锁，将数字万用表调到直流电压200V挡，然后红表笔接电源锁的进线（一般为红色线），黑表笔接蓄电池的负极，正常应该测到蓄电池的电压，否则电源锁引线有问题。接下来打开电源锁开关，红表笔接电源锁出线（一般为黑、白、蓝等颜色），黑表笔接蓄电池负极线，测量电压应为蓄电池电压，否则电源锁损坏。

5.7　转换器故障测试点及维修方法

转换器又名DC-DC转换器（DC表示直流，AC表示交流），其作用是将电池输出的电压转换成12V直流电压，为电动自行车上的大灯、喇叭、转向灯等设备供电。转换器通常有电源输入线（一般为红色）、接地线（一般为黑色）、12V输出线（一般为黄色或白色）三根引线，如图5-25所示。

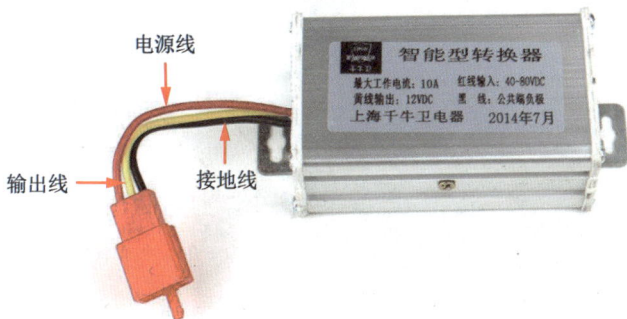

图5-25　转换器

电动自行车转换器损坏后，其故障现象是：电动自行车能正常行走，但喇叭、灯光全部不能工作。

转换器故障测试点及维修方法如图5-26所示。

第1步：将数字万用表挡位调到200V直流电压挡，然后打开电源开关，将红表笔接转换器的输入引线（红色线），黑表笔接蓄电池负极，正常可以测到蓄电池的电压。如果没有则是引线有断路或接触不良。

第2步：将红表笔接转换器的输出引线（黄色线），黑表笔接转换器黑色地线，测量值应该为12V左右，如果没有电压，则是转换器损坏，更换即可。

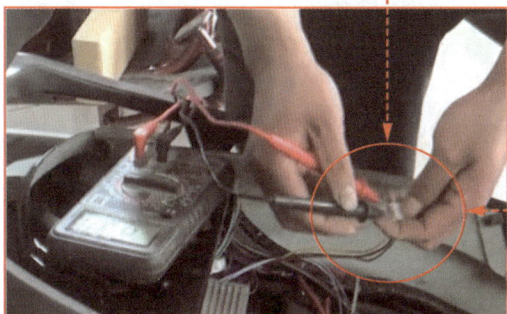

图5-26　转换器故障测试点及维修方法

5.8 空气开关故障测试点及维修方法

电动自行车上的空气开关主要作用是保护电动机和线路安全。在电池电量不足的时候，即使转把拧到底，车速也是很低，特别是上坡或者起步的时候，此时电动机的电流会很大，但是扭矩很小，容易烧毁电器线路或者烧坏电动机，空气开关的作用就是限流作用。当电动自行车线路中的电流超过开关额定值的时候它会跳掉，从而保护线路或者电动机。如图5-27所示。

图5-27　电动自行车上的空气开关

电动自行车上的空气开关如果损坏，将导致电动自行车没电，无法启动，其维修方法如图5-28所示。

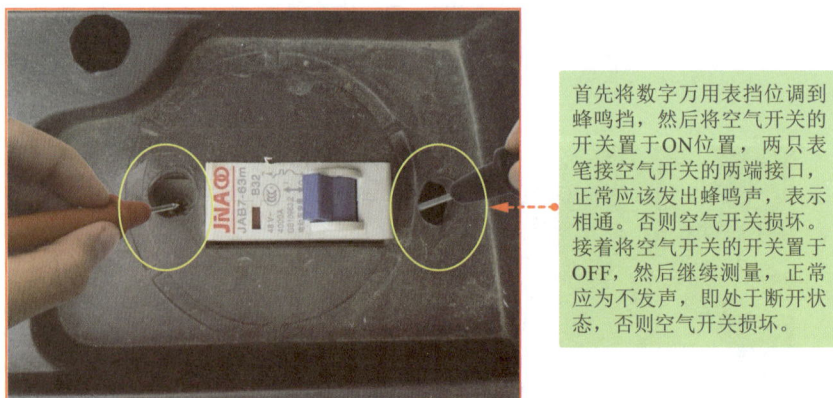

首先将数字万用表挡位调到蜂鸣挡，然后将空气开关的开关置于ON位置，两只表笔接空气开关的两端接口，正常应该发出蜂鸣声，表示相通。否则空气开关损坏。接着将空气开关的开关置于OFF，然后继续测量，正常应为不发声，即处于断开状态，否则空气开关损坏。

图5-28　测量空气开关好坏

5.9　充电器故障测试点及维修方法

电动自行车充电器出现故障后会造成无法正常充电的现象，接下来详细分析充电器故障维修方法。

5.9.1　充电器易坏元器件

充电器中易坏元件件主要有电源线、保险管、滤波电容器、开关管、分流电阻器、整流二极管等，如图5-29所示。

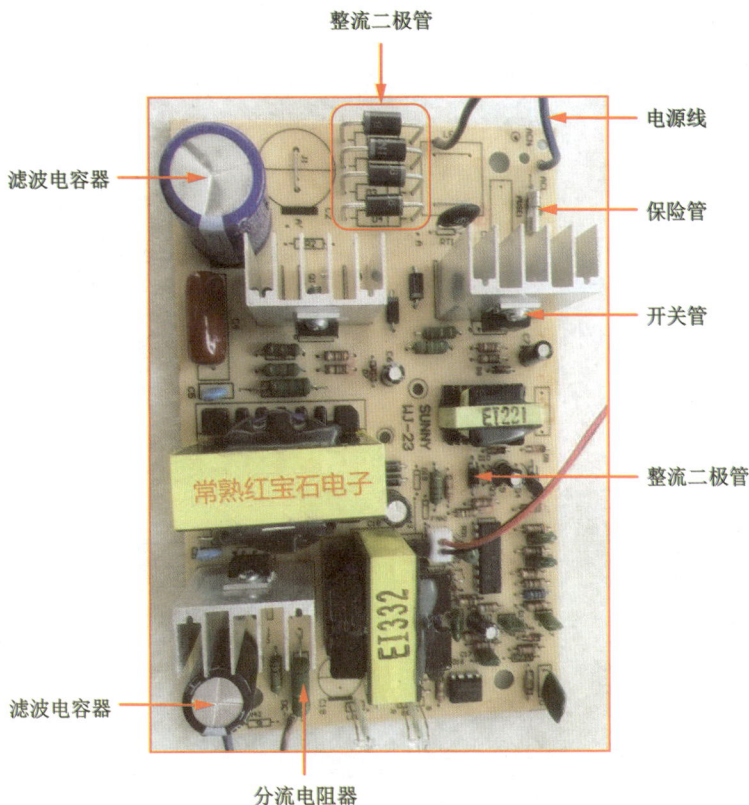

图5-29　充电器中的易坏元器件

5.9.2　充电器故障测试点及诊断流程

当充电器出现故障后，通常使用测量电压法进行检测。充电器故障测试点及检测流程如图5-30所示。

第1步：将数字万用表调至200V直流电压挡，两只表笔直接插到接头孔里测量。一般32V充电器输出电压为42V，48V充电器输出电压为56V，60V充电器输出电压为72V。如果输出电压正常，则可能是接头与电池充电接口接触不良。没有电压则可能是充电器电路问题。

第2步：拔掉电源线，拆开充电器外壳，仔细观察电路板有无烧坏的元器件，重点检查保险管、滤波电容器等。再检查有无脱焊、焊点松动等情况，重点检查电源线焊点、保险管焊点、滤波电容器焊点等。

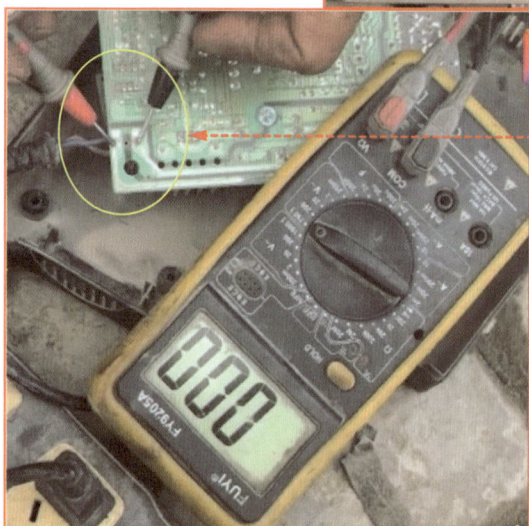

第3步：将充电器插上电源线，观察电源指示灯是否亮。如果指示灯不亮，用万用表交流400V挡测量电源线接头是否有220V交流输出电压。如果没有则应该是电源线损坏。

图5-30　充电器故障测试点及检测流程

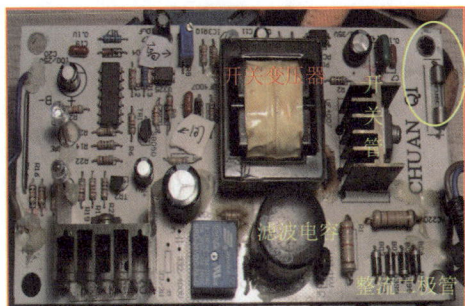

第4步：如果没有输出电压，接着断开电源，用万用表的二极管挡测量保险管是否断路。如果保险管损坏，接着测量整流二极管、开关管、滤波电容等元器件，这些元件短路后，会烧坏保险管。

第5步：如果保险管正常，接上电源，用万用表的直流电压400V挡测量310V滤波电容器是否有310V左右的直流电压。如果没有电压，一般是滤波电容器损坏或整流二极管损坏。测量电容器电压时，在电路板背面测量电容器两只引脚电压。

第6步：如果滤波电容器有310V直流电压，接着测量变压器初级绕组是否有310V直流电压。测量时，红表笔接变压器初级引脚，黑表笔接电路板地线。如果变压器初级有电压，次级没有电压，可能是变压器、开关管、开关控制芯片等有问题。

第8步：如果电源指示灯亮，接着用万用表直流电压挡测量电源输出电压是否正常。如果输出电压正常，则是输出电源线问题。

第7步：如果变压器次级有直流电压输出，而输出端口没有电压，则重点测量输出端整流二极管、滤波电容器等元器件。

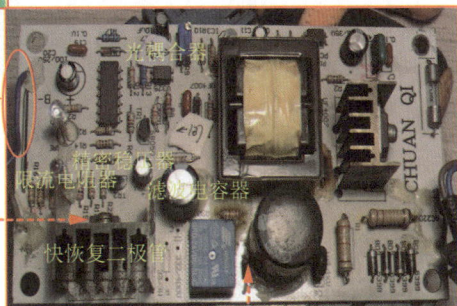

第9步：电源输出端有输出电压，但电压不正常（电压较低或较高），则重点检查反馈电路中的限流电阻器、精密稳压器（TL431等）、光耦合器等元件。

图5-30　充电器故障测试点及检测流程（续）

5.9.3　充电器无输出电压且保险管熔断故障测试点及维修方法

　　如果充电器无电压输出且保险管已熔断，说明电路中有短路或过流的地方，如电网电压的波动、浪涌都会引起充电器内电流瞬间增大而使保险管熔断。

　　一般引起这种故障情况的原因可能是整流二极管短路烧坏、滤波电容器被击穿、开关管被击穿、限流电阻器损坏等。此故障故障测试点及维修方法如图5-31所示。

第1步：仔细检查充电器电路板上面的各个元器件，看这些元器件的外表是否被烧糊或有电解液溢出，闻一闻有无异味。

第2步：将数字万用表调到二极管挡，红黑表笔分别接保险管的两端测量，测量值为无穷大，说明保险管损坏。

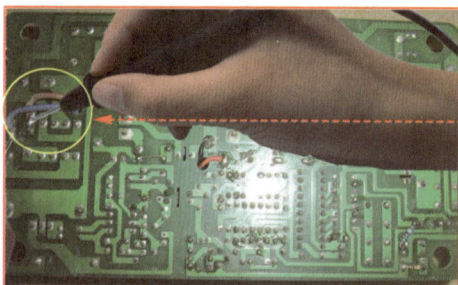

第3步：用万用表二极管挡测量电源线接线端，红表笔接地线，黑表笔接电源正极测量。如果测量的值在0.3~0.5V之间，说明电路没有短路的现象；如果测量的值为0或很小，说明电路中有短路地方，需要进一步检测电路中的元器件。

第4步：用万用表二极管挡测量4只整流二极管。先将红表笔接正极，黑表笔接负极，然后再调换两只表笔测量。如果两次测量中有值为0的情况，说明二极管击穿损坏。如果两次测量值都为无穷大，说明二极管断路损坏。

图5-31　充电器无输出电压且保险管烧坏故障维修方法

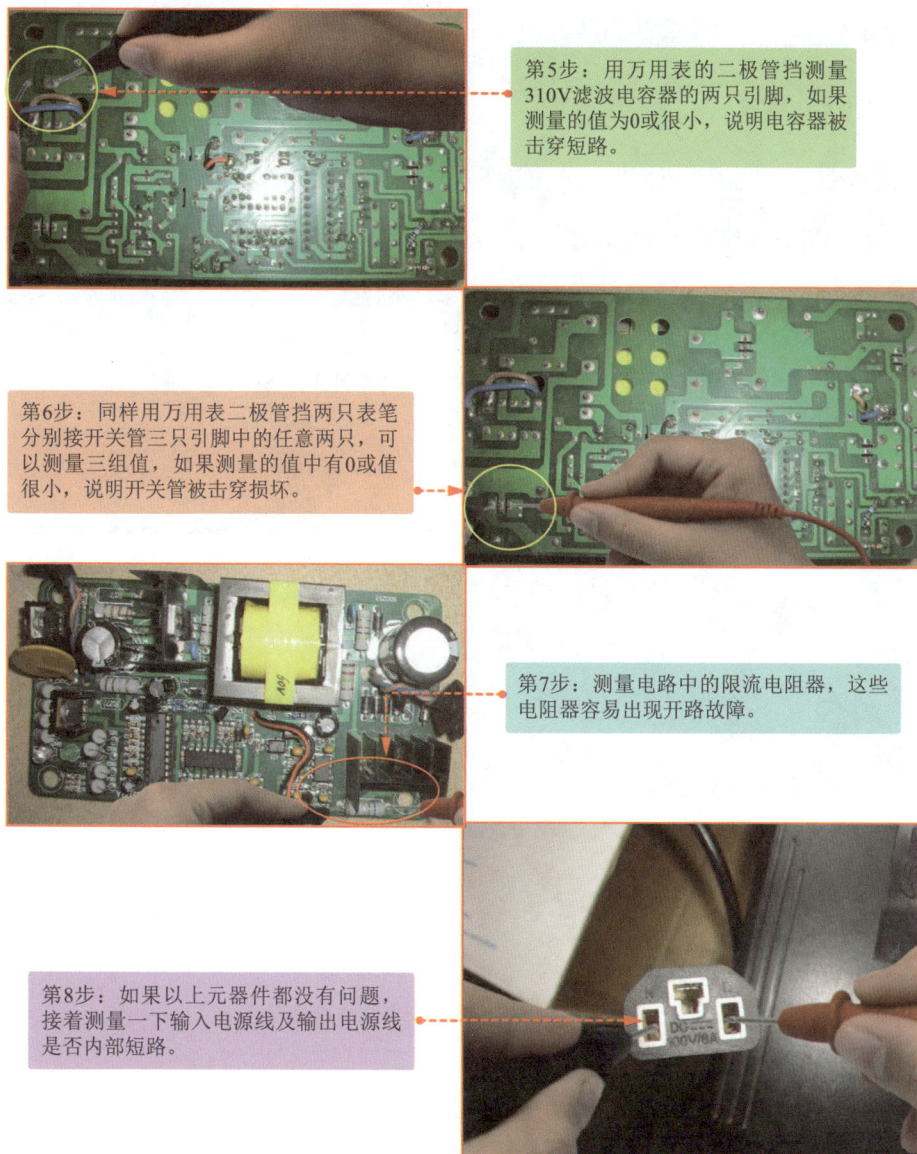

第5步：用万用表的二极管挡测量310V滤波电容器的两只引脚，如果测量的值为0或很小，说明电容器被击穿短路。

第6步：同样用万用表二极管挡两只表笔分别接开关管三只引脚中的任意两只，可以测量三组值，如果测量的值中有0或值很小，说明开关管被击穿损坏。

第7步：测量电路中的限流电阻器，这些电阻器容易出现开路故障。

第8步：如果以上元器件都没有问题，接着测量一下输入电源线及输出电源线是否内部短路。

图5-31　充电器无输出电压且保险管烧坏故障维修方法（续）

5.9.4　充电器输出电压过低故障测试点及维修方法

引起充电器输出直流电压过低的原因较多，主要有输出电压端整流二极管或滤波电容器失效、开关管性能下降、过流保护电阻器损坏、高压直流滤波电容器性能下降等。

充电器输出电压过低故障维修方法如图5-32所示。

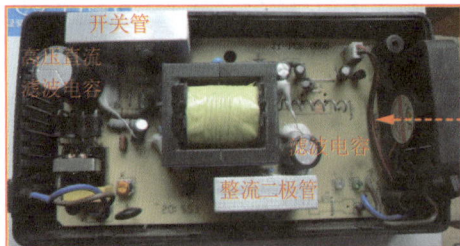

第1步：检查电路板中输出端的整流二极管、滤波电容器及开关管周围的电阻器、高压直流滤波电容器等是否有漏液、开焊、焊锡脱落、接触不良等问题。如果有，进行加焊处理，并换掉损坏的元器件。

第2步：将充电器接电，将数字万用表调至直流1 000V挡，然后测量高压直流滤波电容器的电压是否是310V左右。如果相差较大，应将电容器从电路板取下，开路测量其电容量是否正常。

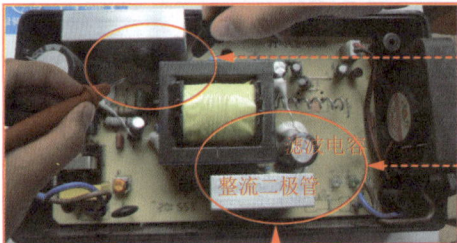

第3步：如果高压直流滤波电容器没有问题，接着检测开关管连接的限流电阻器和过流保护电阻器，测量其阻值并与其标称阻值比较，如果相差很大或阻值为0，则电阻器损坏。

第4步：如果以上元件都正常，接下来用替换法判断整流二极管和滤波电容器是否有问题，如果有，更换新的元器件即可。

图5-32　充电器输出电压过低故障维修方法

5.10　蓄电池故障测试点及维修方法

蓄电池是电动自行车的能量来源，一旦出现问题，就会导致电动车无法骑行或骑行距离短。本节将重点讲解电动自行车蓄电池常见故障的维修方法。

5.10.1　铅酸蓄电池的测试点及检测方法

铅酸蓄电池经常出现的故障有充不进电、寿命变短、电压降得快等，当铅酸蓄电池出现故障时，可以检测如图5-33所示的测试点。

第1步：用数字万用表的直流电压挡测量蓄电池接口的输出电压。如果电压较低或没有电压，则蓄电池有问题。

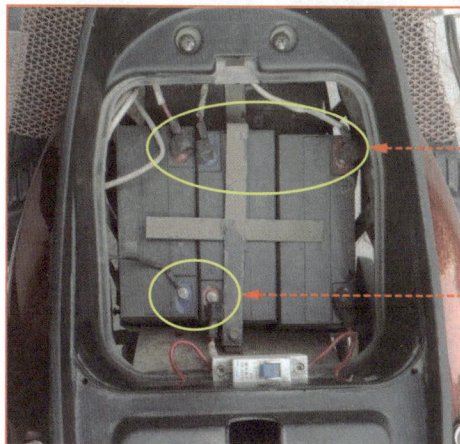

第2步：拆开电池检查电池组内各个电池连接线的接点是否松动或接触不良。如果是焊接的，需要仔细检查焊点是否开焊。检查连接线是否有损坏、断线的情况。

第3步：检查电池是否有鼓包、漏液等情况，如果有，则说明电池已经损坏。

第4步：在电池电量用完的情况下，将万用表调至直流电压20V挡，两只表笔接电池两极，测量单个电池的电压。如果电压较低（正常在10.5~12.5V之间），说明电池损坏。

图5-33　铅酸蓄电池的测试点及检测方法

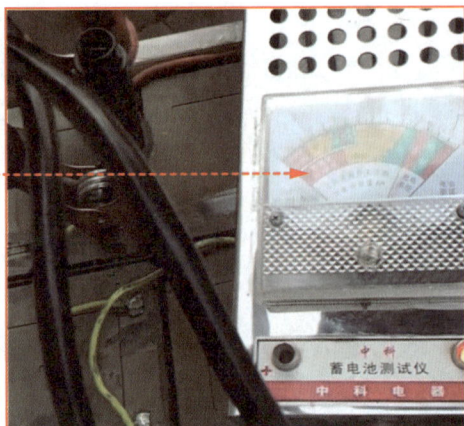

第5步：使用电池测试仪检测电池的容量，判断电池是否损坏。测试时将测试仪的两只线夹分别夹在电池的正负极，然后拨动测量开关进行测量。

图5-33　铅酸蓄电池的测试点及检测方法（续）

5.10.2　铅酸蓄电池使用时间变短故障维修方法

当电动自行车在使用过程中出现充电后行驶路程变短的问题时，通常是由于电池老化容量降低、电池不均衡、车身漏电、电动机故障等问题造成的。下面重点讲解电池不均衡故障的检测维修方法，如图5-34所示。

第1步：在电池电量用完的情况下，将数字万用表调至直流电压20V挡，两只表笔接电池两极，测量单块电池的电压。测量值约为12.85V，电压正常（正常在10.5~13V之间），说明该块电池正常。

第2步：用同样的方法测量第2块电池，测量的电压值约为8.28V。电压值低于10.5V，说明电池容量偏低，需要更换。

图5-34　铅酸蓄电池使用时间变短故障维修方法

第3步：先将电池的连接线拆掉。

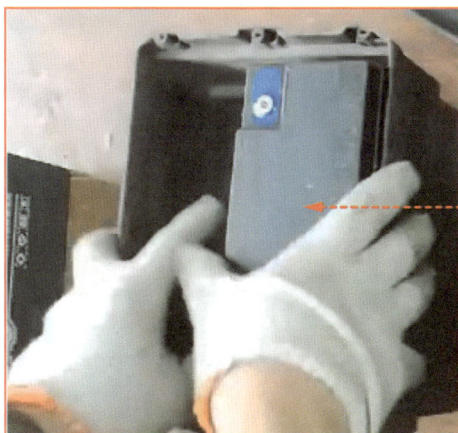

第4步：将容量低的电池取出，装上新电池。容量正常的电池不动。

第5步：将连接线接好，即将两块电池串联起来（第1块电池的正极接输出接口的正极，负极接第2块电池的正极，第2块电池的负极接输出接口的负极）。装好之后，电池不均衡的问题就会得到解决。注意一定要将电池接线螺丝拧紧，否则会接触不良导致电池故障。

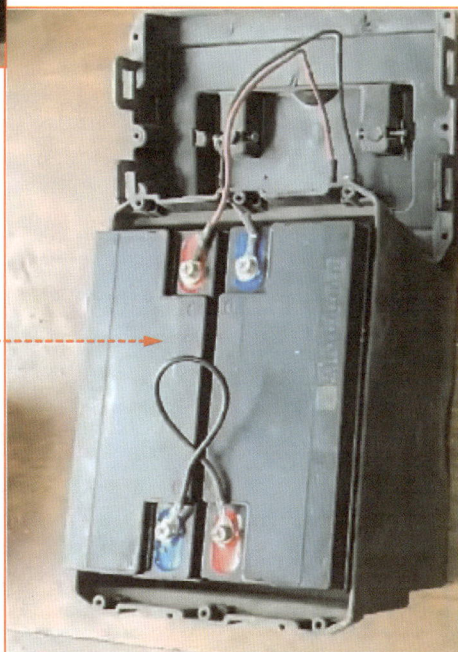

图5-34 铅酸蓄电池使用时间变短故障维修方法（续）

5.10.3　锂蓄电池均衡电芯的方法

电动自行车的锂蓄电池包通常由多个电芯串联而成，如果锂电池组中各个电芯的电容量不相同，那么每次充电时，容量较小的电芯电量会很快达到饱和，每次放电时，容量较小的电芯电量也会先释放完。时间久了，电池整体性能就会大大下降，甚至损坏。

为了保护锂电池，电动自行车中的锂电池管理系统会检测每个电芯的电容量，如果发现有电芯容量较低（和标准值相比），其保护电路就会开始工作，这时锂蓄电池就无法正常充放电。当出现这种情况时，我们可以通过均衡电芯的方法来排除故障。均衡锂蓄电池电芯的方法如图5-35所示。

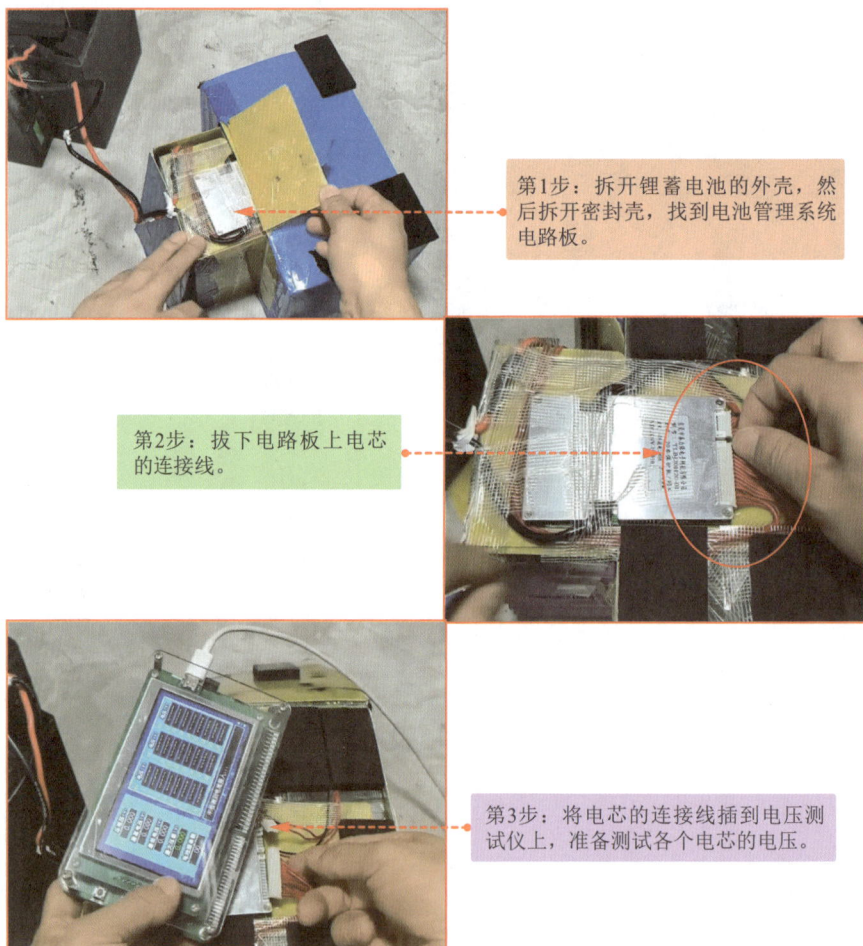

第1步：拆开锂蓄电池的外壳，然后拆开密封壳，找到电池管理系统电路板。

第2步：拔下电路板上电芯的连接线。

第3步：将电芯的连接线插到电压测试仪上，准备测试各个电芯的电压。

图5-35　均衡锂蓄电池电芯的方法

第4步：经过测量发现，各个电芯中，最高电压为3.628V，最低电压为3.49V，最大压差为0.138V，超出正常范围。

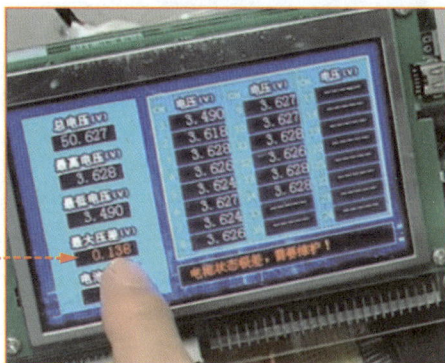

第5步：准备均衡各个电芯的电压。先将电池连接到锂电池智能全自动均衡仪上。

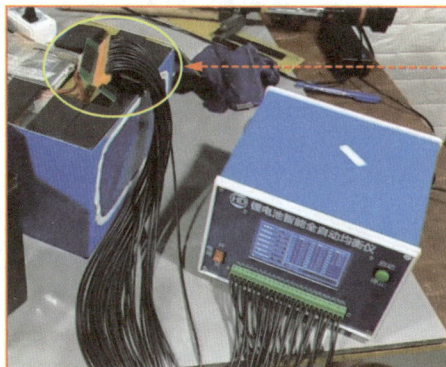

第6步：按下"启动"按钮，开始自动均衡。

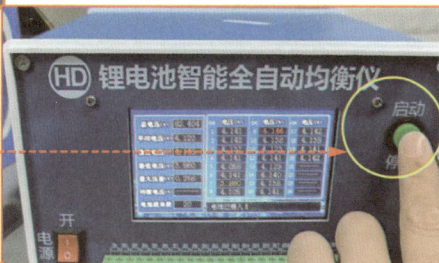

第7步：经过长时间的均衡工作后，可以看到各个电芯的最大压差变为0.001V，压差变正常，锂电池恢复正常。

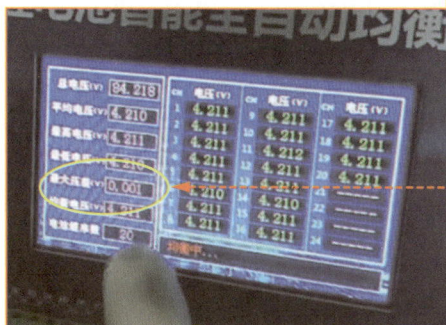

图5-35　均衡锂蓄电池电芯的方法（续）

第6章

电动自行车常见故障维修实战

　　在电动自行车使用过程中，可能会出现无法启动、显示屏无显示、电动机不转、电动机运转乏力、电动机时转时停、大灯不亮、无法充电等各种故障。本章将通过实例重点讲解电动自行车日常遇到的各种故障的维修方法。

6.1 电动自行车骑行有顿挫感故障维修

　　一辆电动自行车骑行时有顿挫感，无法顺畅骑行。根据故障分析，造成此故障的原因可能有：蓄电池漏电、控制器有问题、线路老化、电动机霍尔元器件损坏等。经了解由于此电动自行车购买时间不长，应该不会有线路老化的问题，而且骑行时间也正常，可以排除电池漏电问题。接下来检查重点放在电动机和控制器上，具体维修方法如图6-1所示。

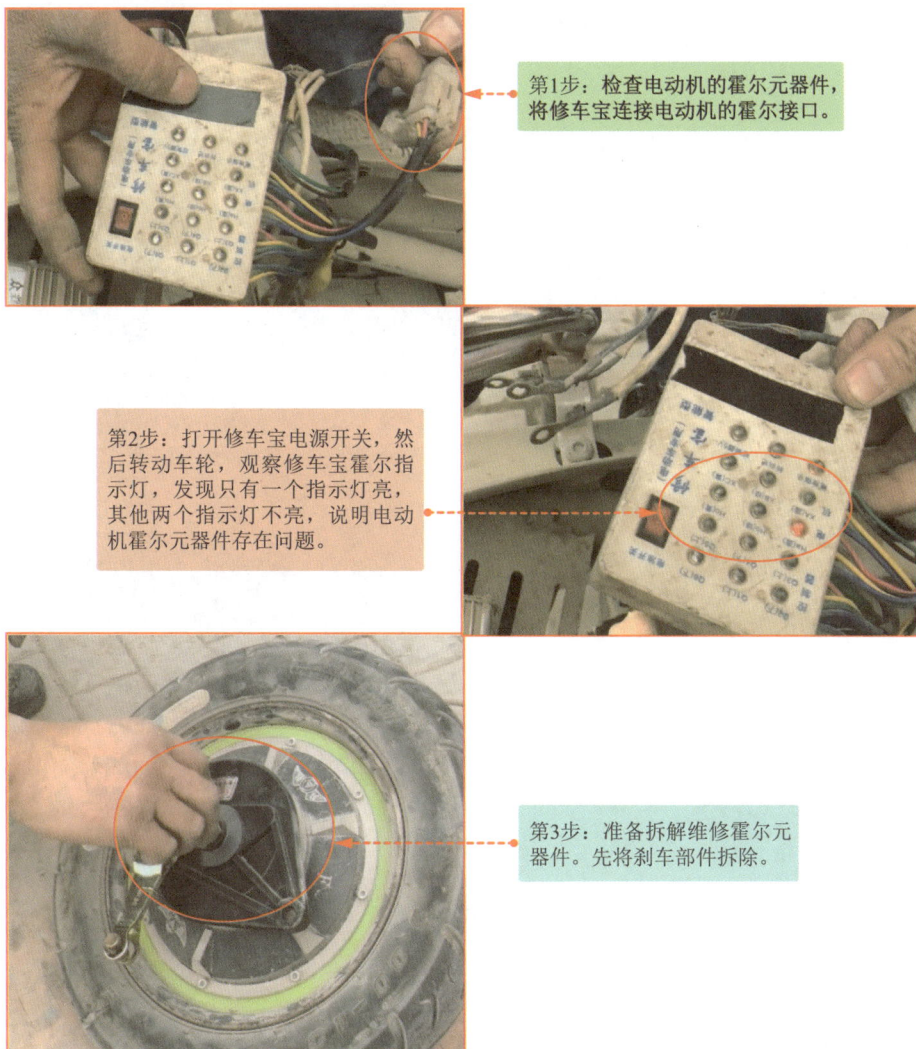

第1步：检查电动机的霍尔元器件，将修车宝连接电动机的霍尔接口。

第2步：打开修车宝电源开关，然后转动车轮，观察修车宝霍尔指示灯，发现只有一个指示灯亮，其他两个指示灯不亮，说明电动机霍尔元器件存在问题。

第3步：准备拆解维修霍尔元器件。先将刹车部件拆除。

图6-1　电动自行车骑行有顿挫感故障维修

第4步：将车轮翻过来，有引线的一端朝上，用小锤轻轻敲击电动机端盖固定螺丝及端盖，转圈敲击，这样可以震松端盖和螺丝。

第5步：拧下固定螺丝。

第6步：在地面垫上木板，端起车轮，向木板轻轻磕几下，将定子磕松。注意不要太用力，以免磕坏电动机。

第7步：将定子磕松之后，继续向木板磕击，将定子磕出之后，拿出定子。

图6-1　电动自行车骑行有顿挫感故障维修（续）

第8步：这时就可以看到定子上的霍尔元器件了。先辨别电动机相角是120度还是60度，可以根据霍尔元器件安装方向辨别。如果中间那个霍尔元器件标注的数字的一面朝下，说明电动机是120度的，即中间和两边安装方向不同时，为120度相角。

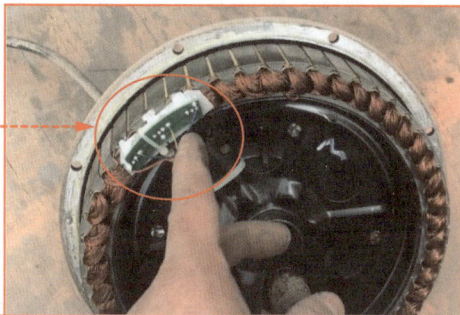

第9步：将霍尔元器件捆扎带剪断。

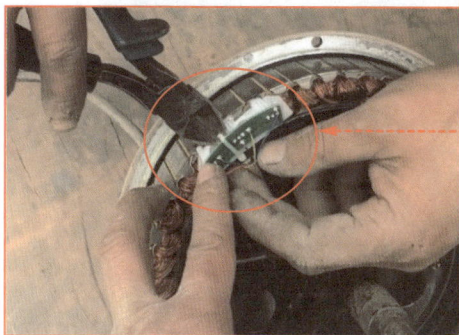

第10步：用平口旋具将霍尔元器件取出，可以借助小锤轻轻敲击旋具来取出霍尔元器件，注意取出霍尔元器件时，不要伤到线圈。

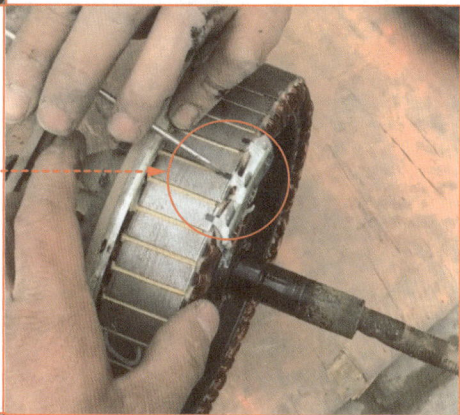

第11步：将定子上的霍尔元器件插槽清理干净。

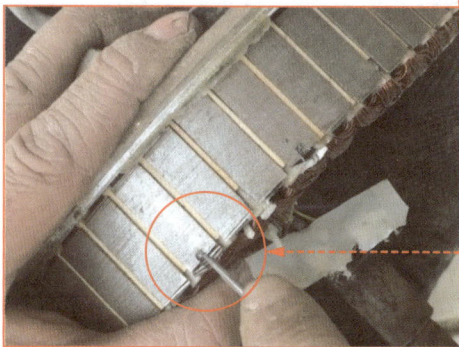

图6-1 电动自行车骑行有顿挫感故障维修（续）

第12步：将新的霍尔元器件及电路板安装好。

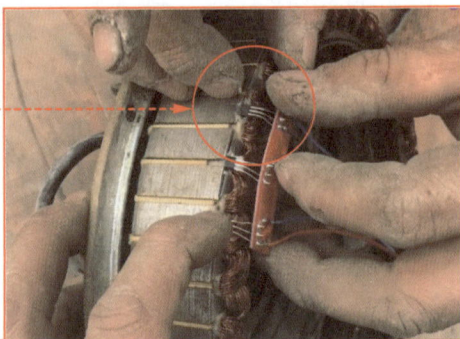

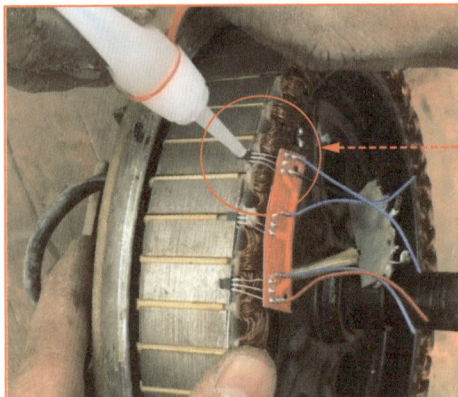

第13步：用502胶水将霍尔元器件固定。

第14步：在霍尔元器件引脚与线圈之间垫上绝缘纸。

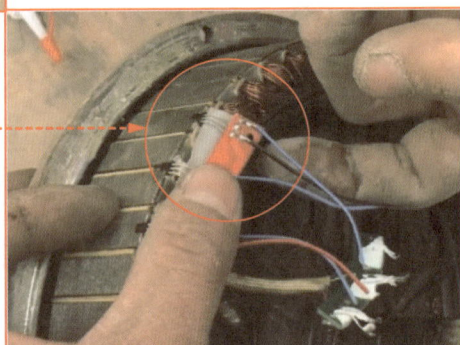

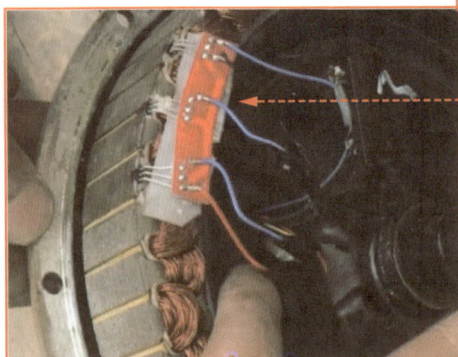

第15步：将霍尔引线接好。注意红线是电源正极，黑线是负极。

图6-1　电动自行车骑行有顿挫感故障维修（续）

第16步：黄绿蓝控制线须按原霍尔电路板接线顺序连接。如果是万能控制器，霍尔控制线可以随便接；如果是原装控制器，则霍尔控制线不能随便接。

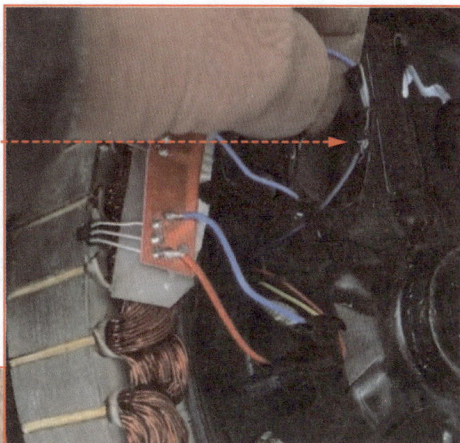

第17步：将霍尔元器件电路板捆扎好。

第18步：清理电动机中的灰尘，否则霍尔元器件容易损坏。

第19步：测试霍尔元器件，将电动机霍尔接口连接修车宝，打开电源开关，然后用一个磁铁放到霍尔元器件上面并移动，观察修车宝霍尔指示灯，发现三个指示灯交替闪烁，说明霍尔元器件工作正常。

图6-1　电动自行车骑行有顿挫感故障维修（续）

第20步：安装电动机，将定子对好后轻轻放入转子，定子插入到一定程度后会自动吸入转子中。此时转动一下电动机，如果可以轻松转动，则安装正常。否则需要将电动机轴轻轻磕击两下，再试是否转动顺畅，如果还不行就需要拆出重新安装。

第21步：将螺丝装好，装螺丝时要对角线固定。

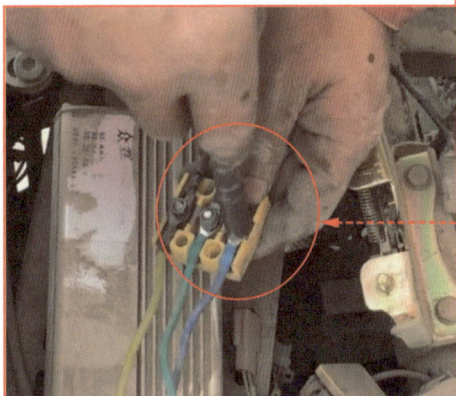

第22步：将车轮装入电动自行车，然后插上控制器连接线。

图6-1　电动自行车骑行有顿挫感故障维修（续）

第23步：打开电源开关，并插上调试线上进行调试。

第24步：发现车轮反转，接着将调试线拔下，重新插入调试，车轮变为正转，拔下调试线，调试完成。

第25步：最后试车，顿挫感消失，故障排除。

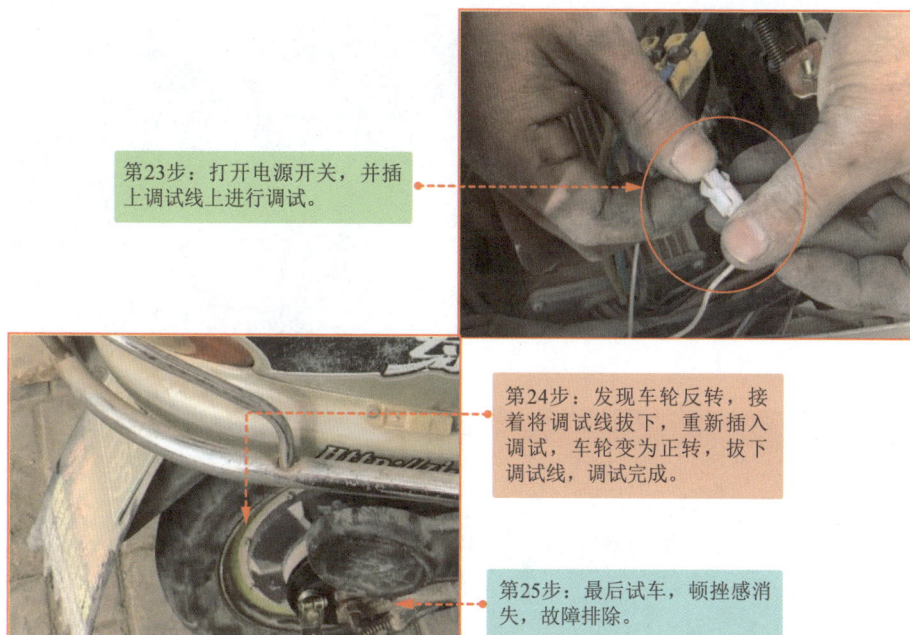

图6-1　电动自行车骑行有顿挫感故障维修方法（续）

6.2　更换控制器后电动机反转故障维修

一辆故障电动自行车控制器损坏，更换控制器后，由于控制器不是原厂生产的（无自学习功能），先按照引线的颜色，将电动机的相线、霍尔线、控制器电源线、电源钥匙线连接好。然后试机，发现电动机反转，此故障处理方法如图6-2所示。

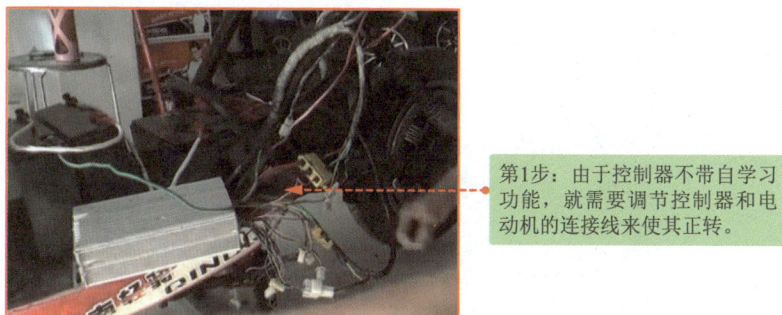

第1步：由于控制器不带自学习功能，就需要调节控制器和电动机的连接线来使其正转。

图6-2　更换控制器后电动机反转故障维修

第2步：保持控制器电源线和电源钥匙引线不动。

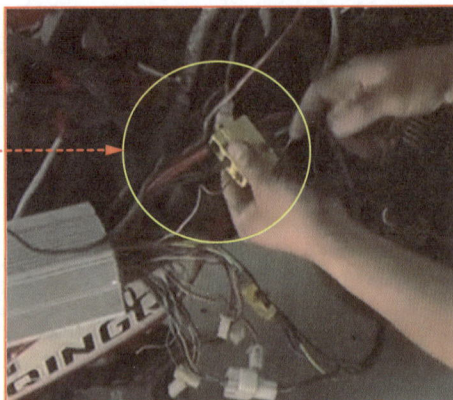

第3步：保持霍尔引线不动。

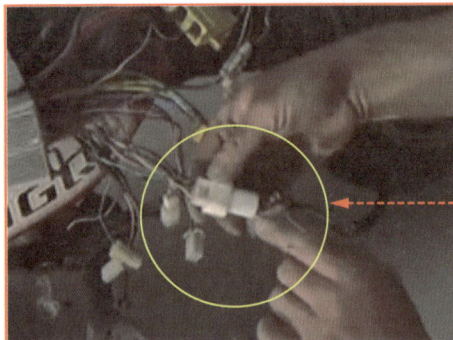

第4步：将控制器与电动机连接的相线中的黄线和蓝线对调（原先是绿对绿、黄对黄、蓝对蓝，由于控制器与电动机没匹配好所以接上后反转，调整后为绿对绿、黄对蓝、蓝对黄）。

第5步：调整后测试，电动机转动正常了，恢复正转了。

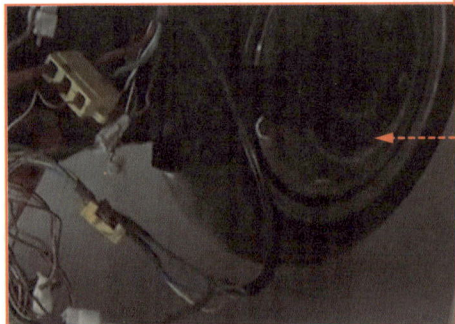

图6-2　更换控制器后电动机反转故障维修（续）

提示：一般电动机的相线接法不正确，或控制器不匹配，电动机转动时，其相线会发热，这就需要调整相线或更换控制器了。

6.3　充电器不充电指示灯不亮故障维修

一辆电动自行车充电时，充电器指示灯不亮，无法充电。由于充电器指示灯不亮，初步判断是充电器问题造成的故障。

充电器不充电指示灯不亮故障维修方法如图6-3所示。

第1步：将充电器插入插座，确认充电器指示灯不亮，需要拆开进一步检查。

第2步：拆开充电器外壳固定螺丝。

第3步：检查充电器电路板是否有开焊的情况，是否有元器件烧坏、漏液等情况。经检查，无上述情况。

图6-3　充电器不充电指示灯不亮故障维修

第4步：电路板的背面仔细检查后也无异常。

第5步：充电器接电，将数字万用表调到交流电压750V挡，红黑表笔分别接充电器电路板上的电源输入引脚。测量后发现电压为0，说明充电器电源线有问题。

第6步：先检查插座。用万用表交流750V挡测量，两只表笔插入插座孔中，测量的电压为238V，在正常范围内，说明插座正常。

第7步：进一步确认问题，将万用表调到蜂鸣挡，一只表笔接充电器输入引脚中的一只引脚，另一只表笔分别接电源线插头的金属片，万用表没有响声，说明测量的引线有断线情况。

图6-3　充电器不充电指示灯不亮故障维修（续）

第8步：用电烙铁将电源线输入端焊下，并将新的电源线焊接到充电器电路板的输入引脚上，之后插入电源线测试。充电器指示灯可以点亮，充电正常，故障排除。

图6-3　充电器不充电指示灯不亮故障维修方法（续）

6.4　电动机进水生锈故障维修

一辆电动自行车泡水后，电动机内部生锈，导致骑行乏力。一般对于电动机生锈的处理方法是将电动机内部铁锈清除干净即可，具体维修方法如图6-4所示。

第1步：拆开电动机后，发现电动机的定子、端盖、转子都生锈了，需要处理。

第2步：电动机生锈后，通常情况下用钢刷进行打磨处理，刷的时候要垂直刷磁钢，不要伤到磁钢，且不能在一个地方刷洗时间太长，防止磁钢退磁。

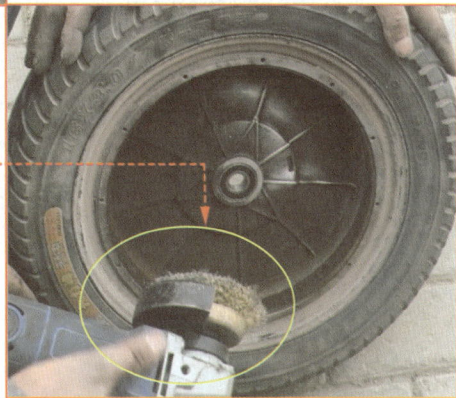

图6-4　电动机进水生锈故障维修

第3步：刷洗完后，用风枪将磁钢中的铁屑吹干净，一定要反复吹，确保磁钢中没有铁屑，否则会损坏磁钢。

第4步：清理端盖上的铁锈，重点打磨端盖的边缘。

第5步：刷洗完后，同样用风枪将铁锈和铁渣吹干净。

第6步：定子除锈时使用砂纸进行打磨（不能用铁砂，会损伤线圈）。

图6-4　电动机进水生锈故障维修（续）

第7步：打磨时轻轻打磨掉薄薄一层即可。注意不要伤到铜线圈和霍尔元器件。

第8步：用风枪将定子中的铁锈吹干净，特别是线圈中的铁锈，一定要吹干净。

图6-4　电动机进水生锈故障维修（续）

6.5　大灯无法开启故障维修

　　一辆电动自行车大灯无法开启，经检查大灯开关损坏，开关扳不动了，需要更换新的开关，此故障维修方法如图6-5所示。

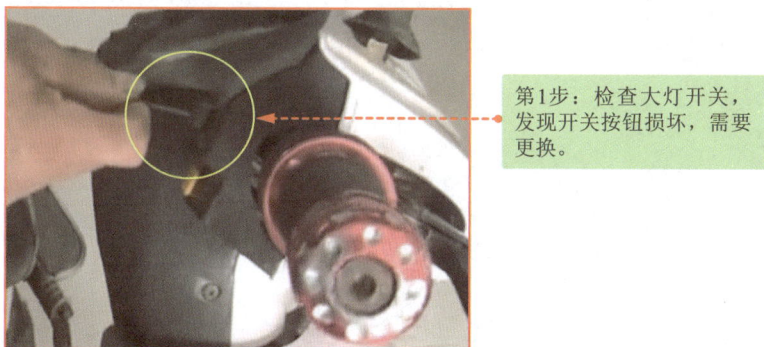

第1步：检查大灯开关，发现开关按钮损坏，需要更换。

图6-5　大灯无法开启故障维修

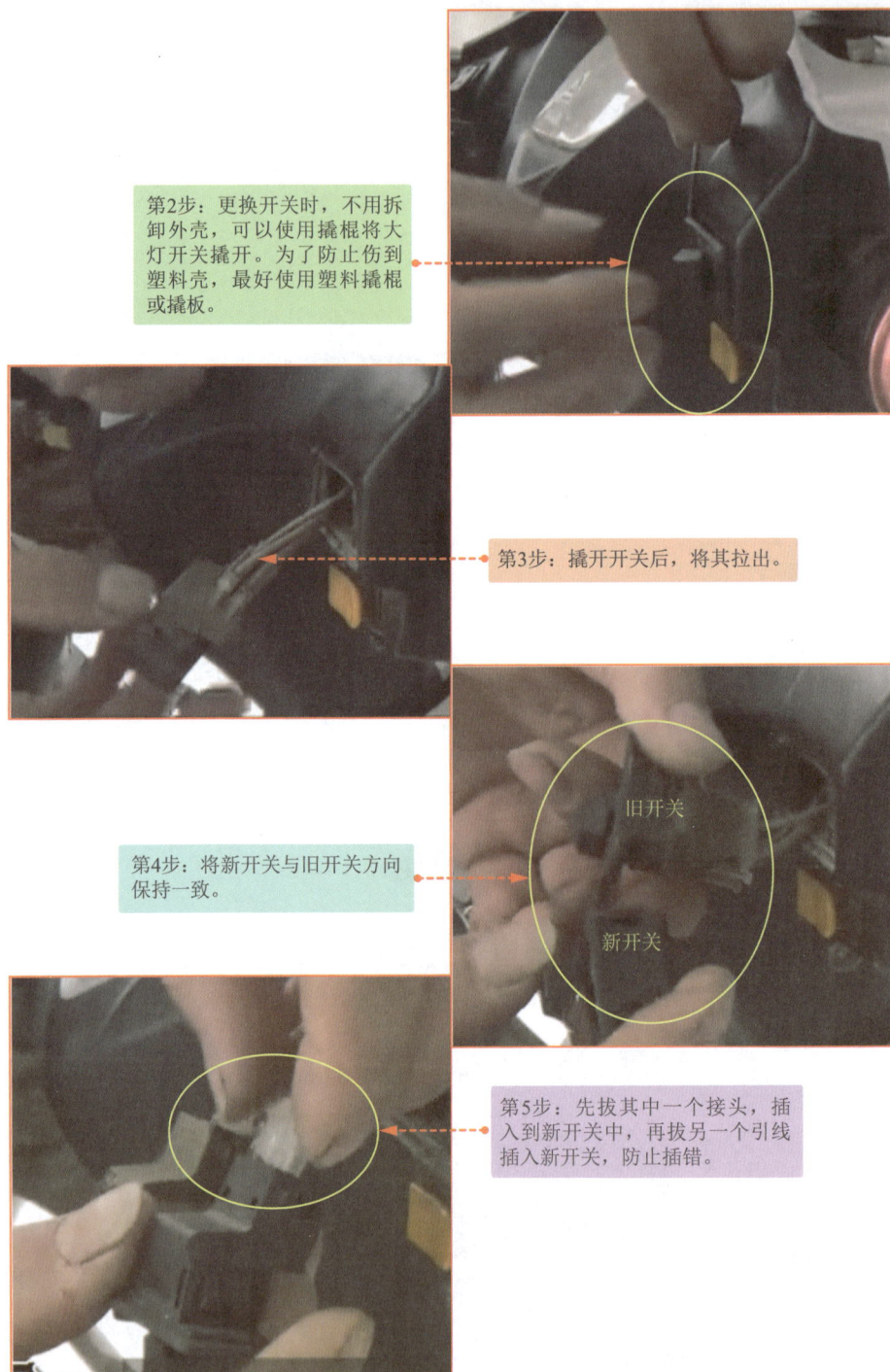

第2步：更换开关时，不用拆卸外壳，可以使用撬棍将大灯开关撬开。为了防止伤到塑料壳，最好使用塑料撬棍或撬板。

第3步：撬开开关后，将其拉出。

第4步：将新开关与旧开关方向保持一致。

旧开关

新开关

第5步：先拔其中一个接头，插入到新开关中，再拔另一个引线插入新开关，防止插错。

图6-5　大灯无法开启故障维修（续）

第6步：引线插好后，检查引线，确保插紧。

第7步：接好连线后，测试一下。扳动大灯开关，大灯亮，仪表盘中大灯指示灯也亮了。

第8步：测试没问题后，将开关安装好，故障排除。

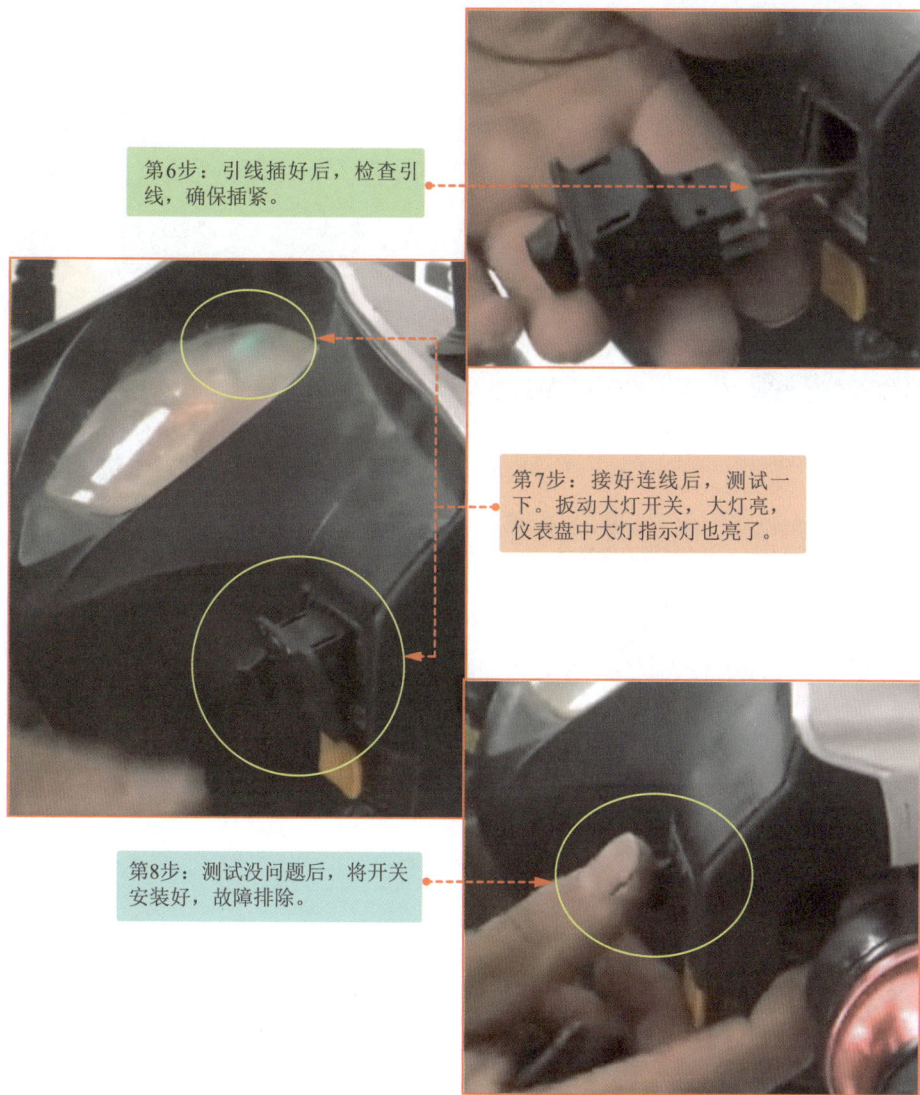

图6-5 大灯无法开启故障维修（续）

6.6 仪表指示灯异常故障维修

一辆电动自行车电池指示灯有问题，无论电池电量多少，只亮一格。根据故障现象分析，怀疑故障是仪表引线问题引起的。

仪表指示灯异常故障维修方法如图6-6所示。

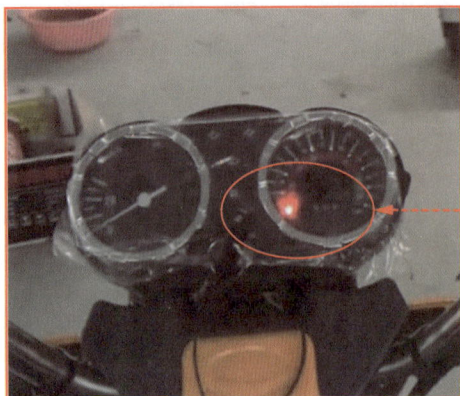

第1步：打开电源开关，指示灯只亮一格。骑行测试了一下电动车，电动车动力较足，说明电池不缺电。

第2步：重点检查仪表的连接线，经检查发现此仪表是60V/48V通用的仪表盘，根据这个仪表盘的特点，应该有一个电池电压选择接头，如果电池电压为60V，将此接头连接；如果电池电压是48V，将此接头断开。

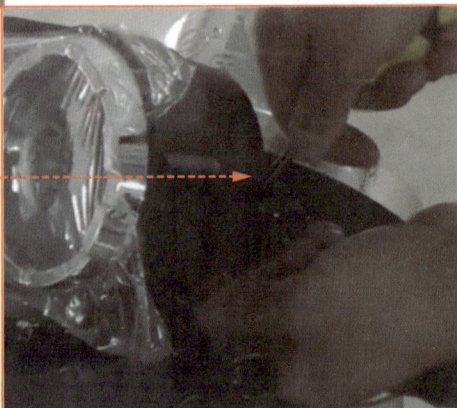

第3步：检查后发现，仪表盘中的电压选择接头被接上了，经了解原来是客户自己将此接头接上了。将此接头断开后，仪表电池指示灯显示正常了。

图6-6 仪表指示灯异常故障维修

6.7 电动自行车刹车噪声很大故障维修

一辆电动自行车刹车时噪声很大，此故障维修方法如图6-7所示。

第1步：根据故障现象分析，估计是刹车碟片磨损严重而引起的噪声。

第2步：拧下刹车固定螺丝。

第3步：将刹车拆下。

第4步：将刹车碟片拆下。

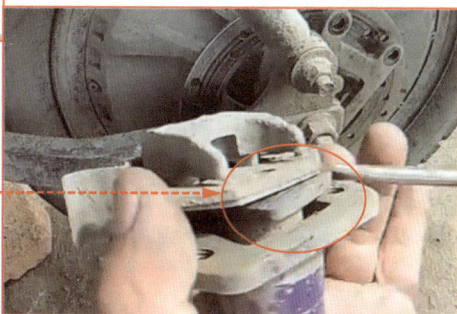

图6-7　刹车噪声很大故障维修

第5步：可以看到刹车碟片磨损严重。

第6步：有一边已经把刹车泵磨了。

第7步：将两个新刹车片装上。

第8步：用旋具向上撬刹车碟片，将上面的刹车碟片卡到固定柱上。

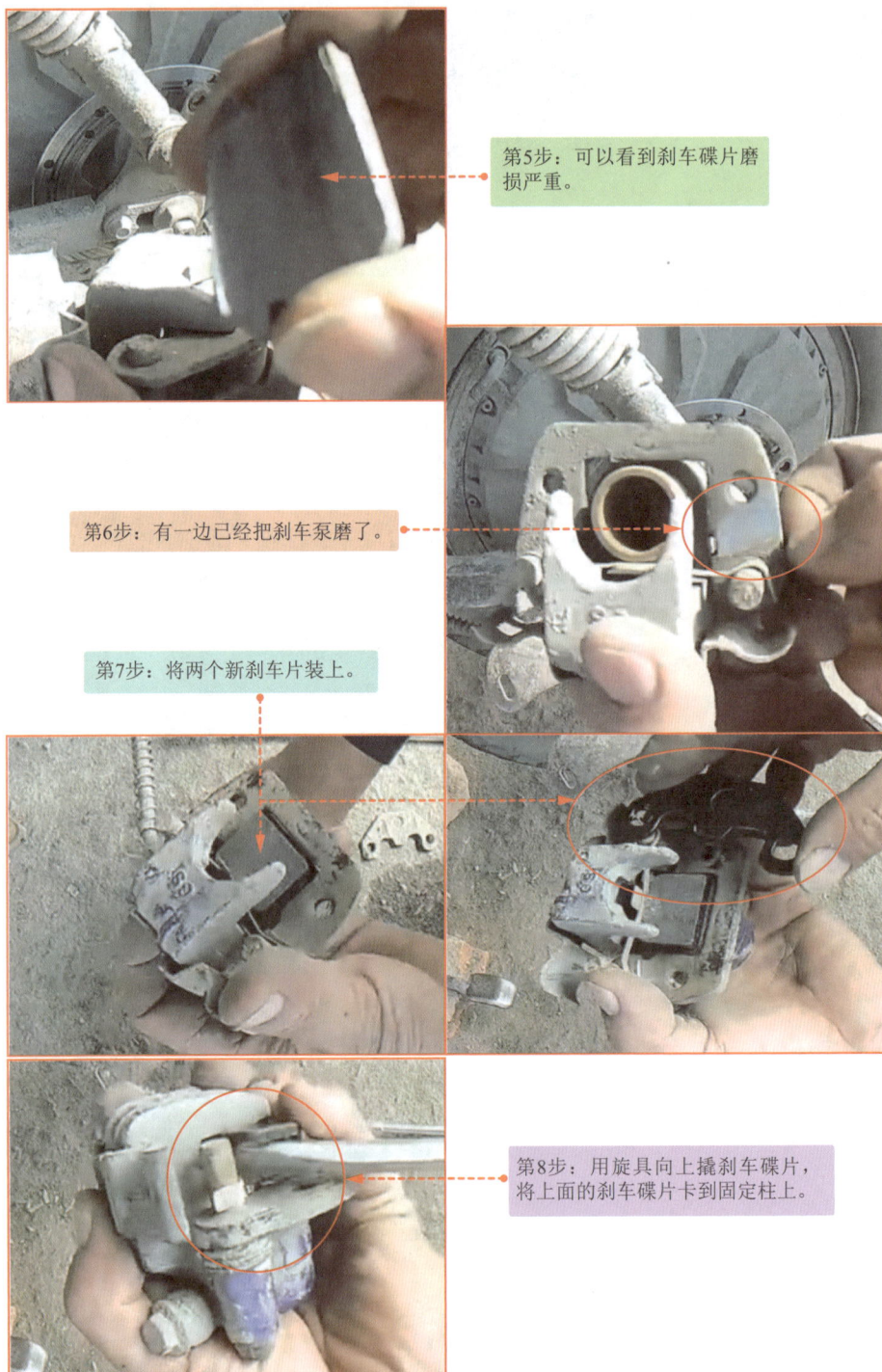

图6-7　刹车噪声很大故障维修（续）

第9步：安装好刹车泵。

第10步：将刹车泵安装到刹车碟片上。

第11步：将固定螺丝拧紧，然后试车，刹车噪声消失，故障排除。

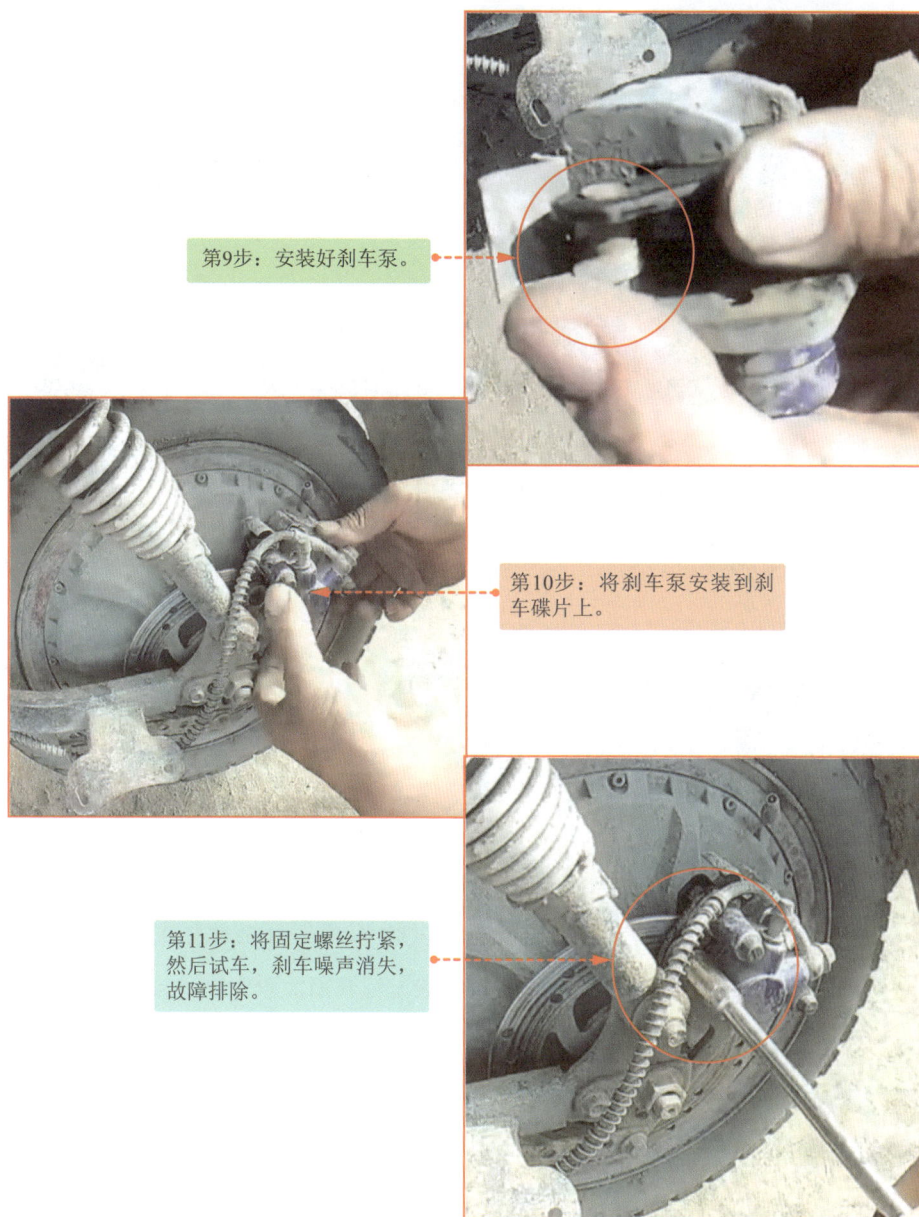

图6-7　刹车噪声很大故障维修（续）

6.8　电动自行车车轮毂变形修复

　　一辆电动自行机轮毂被撞变形，导致车轮充气之后漏气，无法使用。具体维修方法如图6-8所示。

第1步：由于轮毂变形翘起，导致轮胎无法密封而漏气。

第2步：修复时准备大小两个铁锤，先将小锤斜着放在变形轮毂的边上，然后用大锤轻轻敲击小锤，直到轮毂变形处恢复。

第3步：修复后的轮毂。

图6-8 电动自行车车轮毂修复

6.9 电动自行车外胎更换

一辆电动自行车的轮胎总是跑气，检查后发现外胎磨损严重，需要更换。电动自行车外胎更换方法如图6-9所示。

第1步：拆下刹车线。

第2步：拆下气门芯。

第3步：先用扁撬把胎口周圈按下，使胎口与轮毂圈口脱离。有些轮胎胎口紧，需要用扁撬慢慢周圈反复撬动几次。注意不要用蛮力，不然会造成胎口钢丝撬断和轮毂圈变形。

第4步：用夹钳把左右两边外胎边压到钢圈中间，需要转圈夹。

第5步：用夹钳一边夹到钢圈上，一边夹在轮胎上，继续将轮胎向中间夹。

图6-9　电动自行车更换外胎

第6步：用扁撬撬开轮胎一边，保持不动，然后用另一个扁撬将轮胎一点一点撬开。

第7步：在轮胎的一边全部撬到钢圈外面时，将轮胎固定螺丝拧下，然后拧下刹车的固定螺丝。

第8步：将轮胎卸下，然后将轮胎从钢圈中拆下。

第9步：拿一个全新的轮胎，先将一边的轮胎放到钢圈里，可以用撬棍将其撬进去，注意别弄坏轮胎。

图6-9　电动自行车更换外胎（续）

第10步：将车轮安装到电动车上，拧好螺丝，并拧上刹车固定螺丝。注意，刹车固定螺丝先不要拧太紧，等电动机固定好后，再拧紧刹车固定螺丝。同时安装好刹车线。

第11步：用扁撬将轮胎撬到钢圈里，并检查轮胎有没有安装不到位的地方。

第12步：给轮胎充气，先不用充太多，然后安装好气门芯，再继续充足气即可。

图6-9 电动自行车更换外胎（续）

6.10 电动自行车路上突然无法骑行故障维修

　　一辆电动自行车在路上骑行时，突然电动机不转，无法骑行了。经检查，发现打开电源开关后，仪表有电池电量等信息，拆除刹车线试车，电动机依旧不转。经分析把故障原因锁定在电动机和控制器上。

电动自行车路上突然无法骑行故障维修方法如图6-10所示。

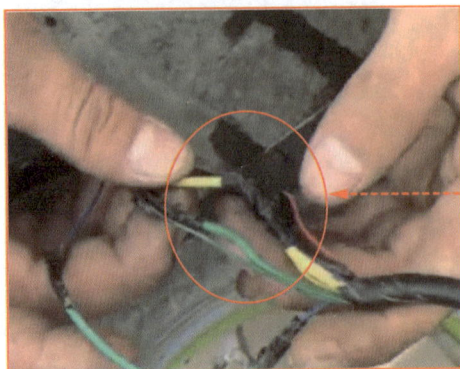

第1步：经仔细检查，发现电动机的一根相线压在了减震下面，被压断了。将损坏的线连接上后进行测试，电动机依然无法运转，怀疑霍尔元器件已经损坏。

第2步：将电动机与修车宝的霍尔线相连，打开修车宝电源，电源指示灯亮，供电正常。接着转动电动机，发现修车宝上霍尔指示灯只有两个指示灯闪烁，另一个蓝色指示灯不亮，说明有一个霍尔元器件损坏了。

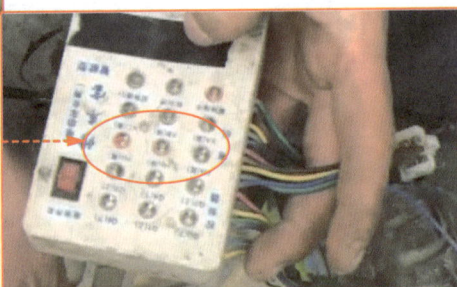

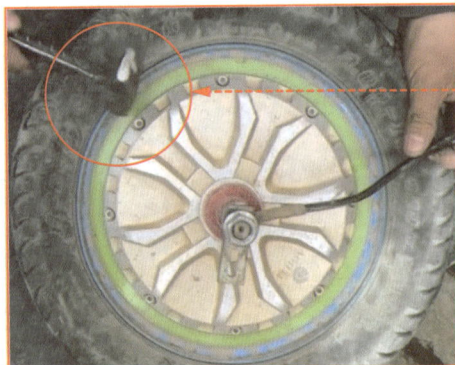

第3步：准备将电动机拆开检查霍尔元器件。先将电动机的刹车部分拆下来，里面的垫套也拆干净。然后用锤子先在螺丝的位置轻轻敲击（这一点很重要，不然可能拆的时候特别费事），同样也轻轻敲击电动机盖，要转圈敲。

第4步：用旋具拧下固定螺丝。

图6-10　电动自行车路上突然无法骑行故障维修

第5步：准备一块木板放在地上，端起车轮轻轻向木板磕击，先将电动机的盖磕松。如果磕几下盖子还没有松，不要强磕，再用锤子轻轻敲击电动机端盖。

第6步：定子磕松之后，再继续轻轻磕出定子。千万不能用蛮力，否则会损坏定子。

第7步：将定子取出。

第8步：将修车宝和定子的霍尔引线连接好。

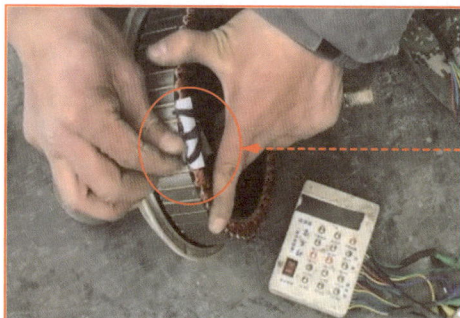

第9步：用一块磁铁在霍尔元器件附件来回移动，观察修车宝指示灯。当磁铁移动到正常的霍尔元件时，修车宝相应指示灯会亮。

图6-10　电动自行车路上突然无法骑行故障维修（续）

第10步：用一字口旋具轻轻将坏的霍尔元器件拆下。

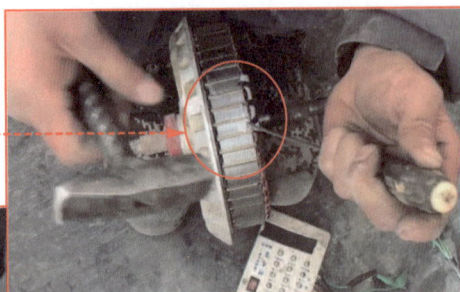

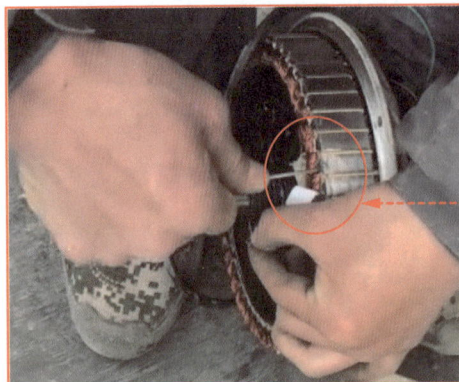

第11步：拆下后，再将定子上安装霍尔元器件的槽清理干净。

第12步：安装新霍尔元器件时，先分清引线，一般红色线为电源正极线，黑色线为地线，绿色线为信号线。这个定子上的霍尔引线没有颜色，所以要用万用表进行辨别。先将数字万用表调到蜂鸣挡，然后一只表笔接定子霍尔引线的正极线（红线），黑表笔接霍尔元器件引线中的任意一个，如果万用表发出蜂鸣声，则说明此线为正极线，否则就再换其他线测试。

第13步：将新的霍尔元器件接好后，准备将其固定到定子上。

图6-10　电动自行车路上突然无法骑行故障维修（续）

第14步：将霍尔元器件插入到安装槽中，正面朝外。

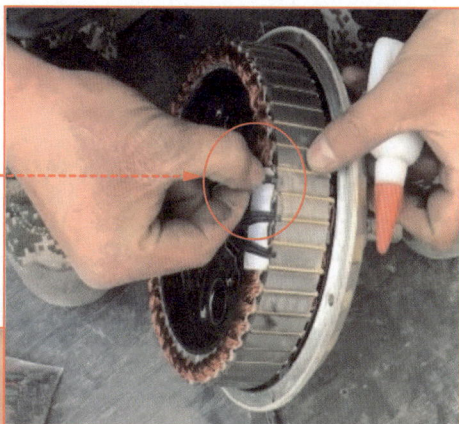

第15步：用胶水将其固定，并用扎带捆扎好。

第16步：用修车宝和磁铁测试霍尔元器件。测试时发现指示灯显示正常。

第17步：将定子和车轮中的磁钢清理干净（可以用风枪清理）。

图6-10　电动自行车路上突然无法骑行故障维修（续）

第18步：将定子放入磁钢，安装的时候用巧劲儿，如果实在装不进去，就在木板上轻轻磕一下，将其安装进去。

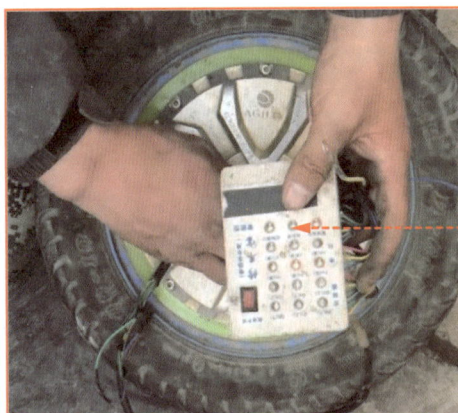

第19步：最后测试，将修车宝和电动机霍尔线连接，转动电动机发现修车宝霍尔指示灯闪烁。将电动机外壳螺丝拧上，要对角线拧紧螺丝，另外在电动机端盖上可以打上密封胶，防止进水。装好后进行试车，电动车正常，故障排除。

图6-10　电动自行车路上突然无法骑行故障维修（续）

6.11　充电器指示灯亮但无法充电故障维修

一辆电动自行车充电时，充电器指示灯亮，但无法充电。此故障一般是由于充电器问题或蓄电池问题引起的，先检查充电器。

充电器指示灯亮但无法充电故障维修方法如图6-11所示。

第1步：将充电器插电，发现指示灯亮，然后测量充电器的输出电压。

第2步：将数字万用表调到直流电压400V挡，将两只表笔分别插入输出接口的正、负极孔中，测量输出电压。发现输出电压为0，无电压输出。

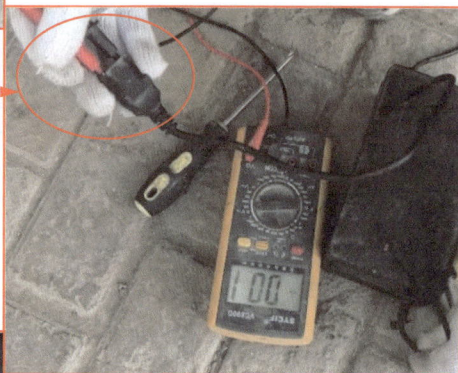

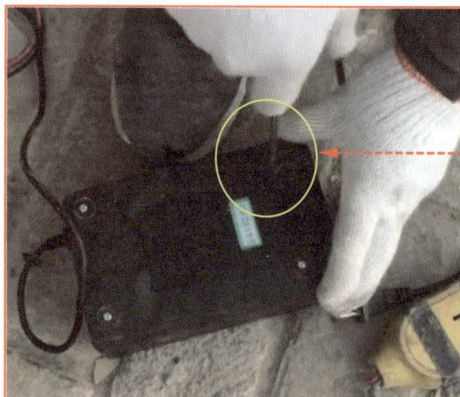

第3步：拔下电源，拆开充电器外壳，准备检查内部电路。

第4步：拆开外壳后，仔细检查电路板中有无烧坏、漏液、开焊等损坏的元器件或焊点。经检查未发现问题。

图6-11　电动自行车充电器指示灯亮但无法充电故障维修

第5步：将电路板翻过来，检查电路板有无开焊的焊点，同样未发现问题。

第6步：将电路板接入电源，然后将万用表调到直流电压400V挡，测量输出端口电压。测量值为70.1V，输出电压正常。说明电路板工作是正常的。

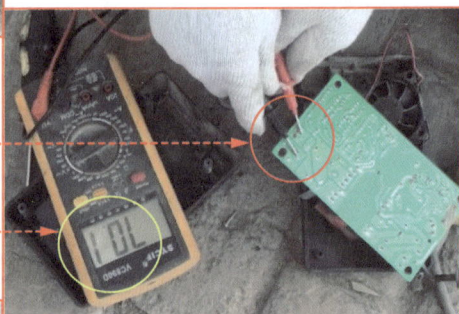

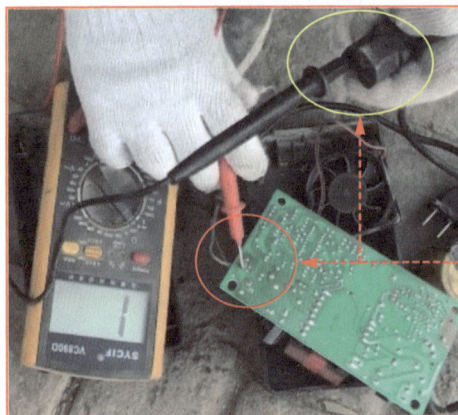

第7步：既然电路板输出端口电压正常，估计问题在输出线。首先拔下电源，将万用表调到蜂鸣挡，将一只表笔插入输出接口中，另一只表笔分别接电路板输出端接口，发现蜂鸣器不响，说明输出电源线有断路情况。

第8步：准备换线。首先观察线的颜色，因为输出线有正负极之分，换线时不能弄错，否则会烧坏充电器。用电烙铁将输出电源线接头焊下。

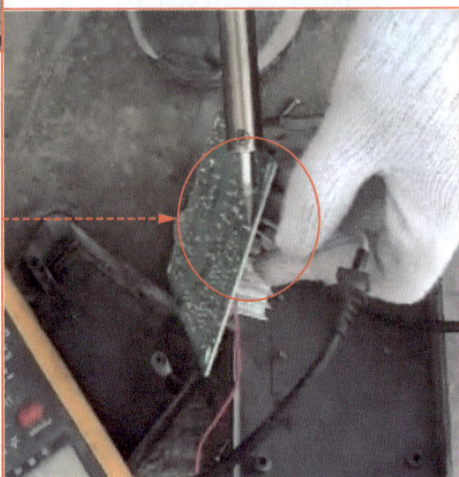

图6-11　电动自行车充电器指示灯亮但无法充电故障维修（续）

第9步：将新的电源线焊到电路上。注意输出电源线正、负极，别焊错了。

第10步：对焊点进行补锡操作。

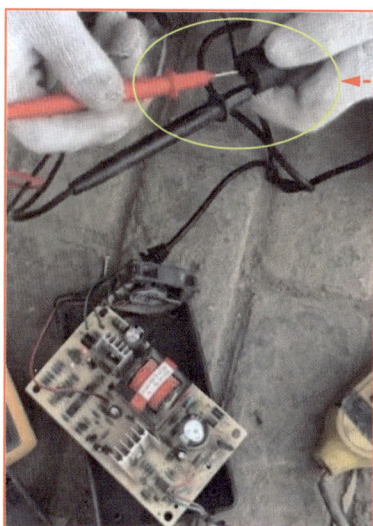

第11步：焊接好后，进行测试。插上电源，将万用表调到直流400V挡，将三口插头的孔朝自己，第三孔（地线）朝上，红表笔插入左边的孔，黑表笔插入右边的孔进行测量。万用表值为69.9V，电压正常，故障排除。

图6-11　电动自行车充电器指示灯亮但无法充电故障维修（续）

6.12 铅酸蓄电池充电后行驶里程变短故障维修

一辆电动自行车仅骑行了一年，但充满电后，行驶里程只有原来的一半。根据故障现象分析可能是电动车有漏电问题，或者是电池有问题。

铅酸蓄电池充电后行驶里程变短故障维修方法如图6-12所示。

第1步：根据故障现象分析，电池问题的可能性较大，因此先检测电池。先拆开电池盒的外壳。注意测量时，先将电池的电用完。

第2步：将数字万用表调到直流电压400V挡，红表笔接每块电池的正极，黑表笔接负极，前三块电池测量的电压均为11.4V左右。正常为12V左右。

第3步：当测量到第四块时，发现测量的电压为7.7V。比正常值低很多，说明此电池损坏，需要更换。

第4步：将损坏电池上的电线拆下。此电池电线是焊接的，所以需要用电烙铁将其焊下。

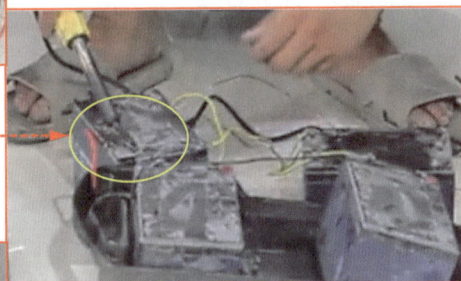

第5步：将一块相同规格的新电池换上，接好连接电线。

图6-12 铅酸蓄电池故障检测维修

第6步：将电池装好，务必将电池固定紧，不能晃动。

第7步：将电池外壳装好，然后充电试车，行驶里程数恢复，故障排除。

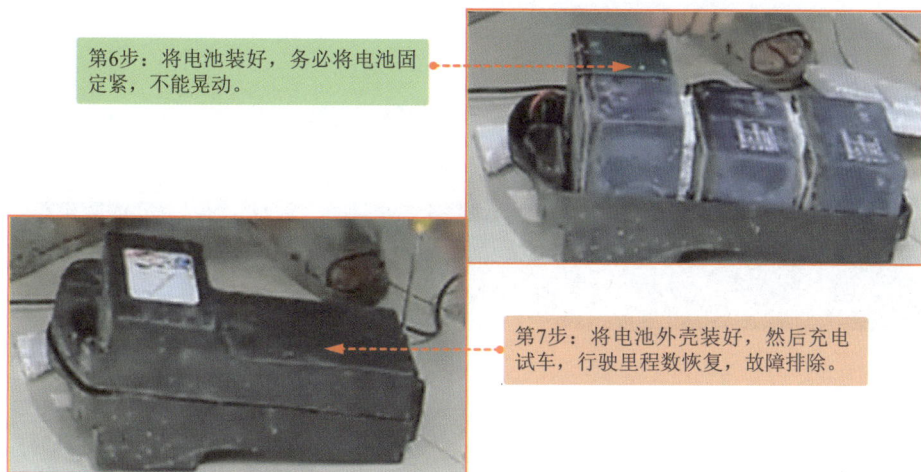

图6-12 铅酸蓄电池故障检测维修（续）

6.13 电动自行车大灯不亮故障维修

一辆电动自行车打开大灯开关后，大灯不亮。根据故障现象分析，造成此故障的原因主要有：灯泡损坏、开关损坏、大灯线接触不良，控制器损坏等。

电动自行车大灯不亮故障维修方法如图6-13所示。

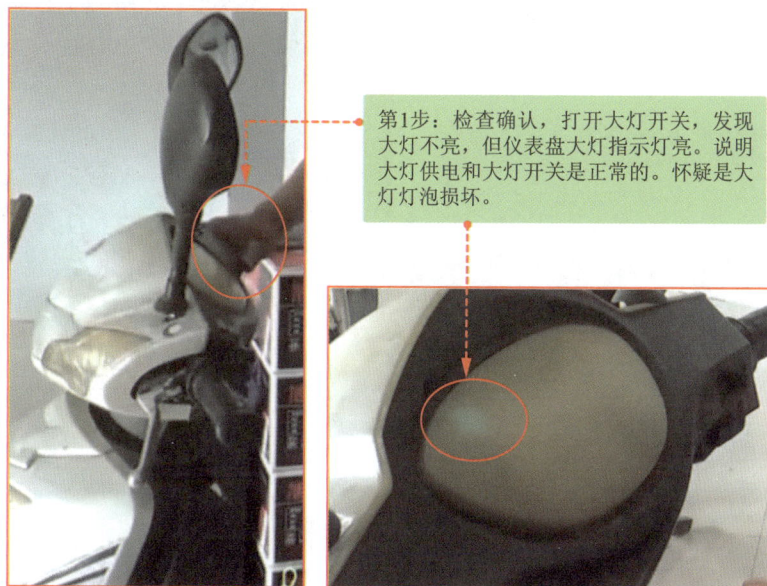

第1步：检查确认，打开大灯开关，发现大灯不亮，但仪表盘大灯指示灯亮。说明大灯供电和大灯开关是正常的。怀疑是大灯灯泡损坏。

图6-13 电动自行车大灯不亮故障维修

第2步：检查大灯灯泡，先拧下前壳的固定螺丝。

第3步：卸下前壳。

第4步：拧下灯泡固定螺丝。

第5步：拔出灯泡检查，发现灯泡里面发黑，已经烧坏。

第6步：更换同型号的新灯泡后，打开开关测试。灯泡被点亮。接下来安装好灯泡和外壳，再次测试，大灯恢复正常，故障排除。

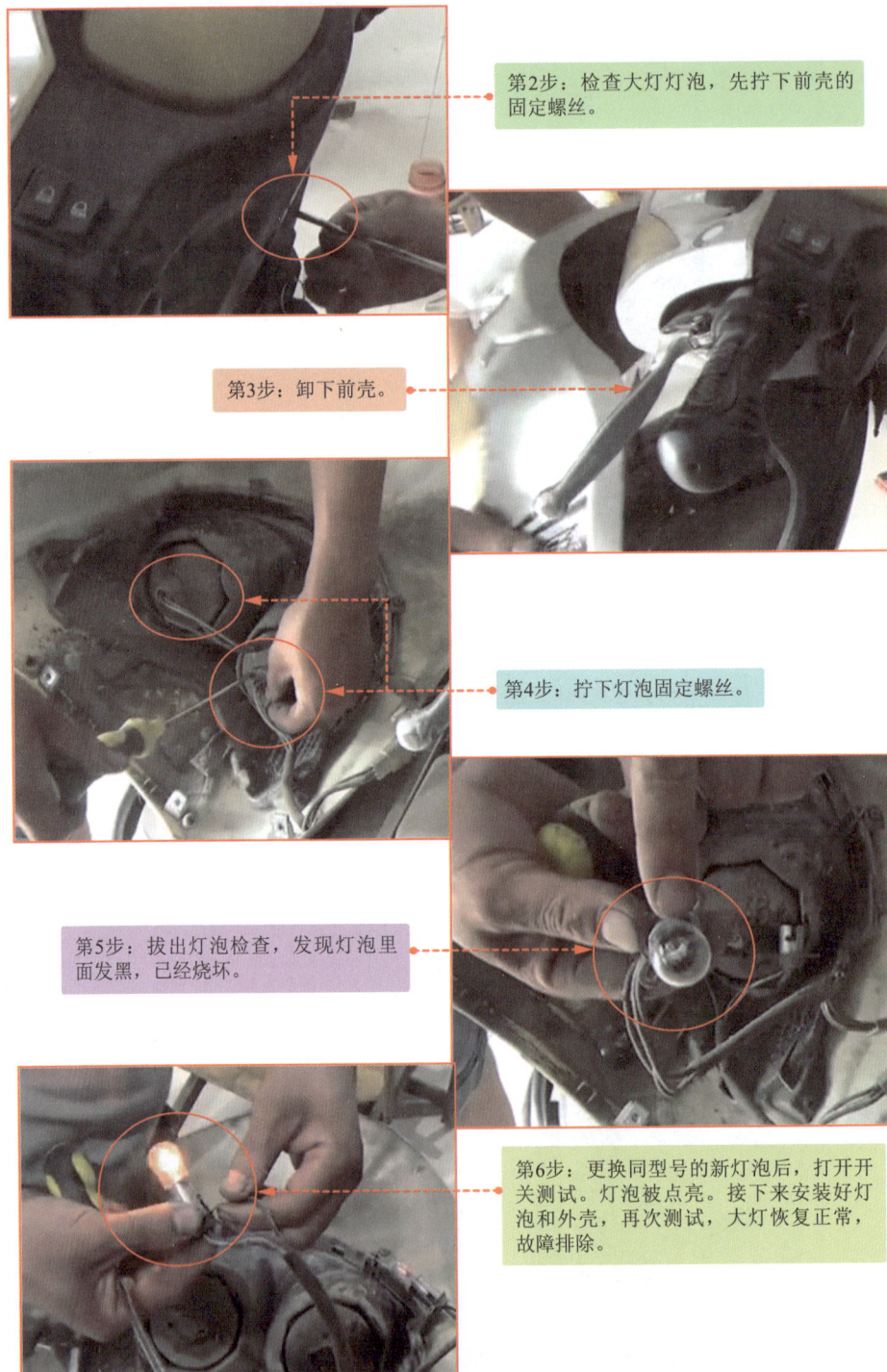

图6-13　电动自行车大灯不亮故障维修（续）

6.14　铅酸蓄电池长时间放置无法充电故障维修

一辆电动自行车长时间未使用，也未定期充电，插上充电器后，充电器绿色指示灯一直亮但充不进电。根据故障现象分析，此故障是由于长时间放电后（电动自行车关闭后，还会有少量的放电），导致电池过放电，需要重新激活才能继续使用。

铅酸蓄电池长时间放置无法充电故障维修方法如图6-14所示。

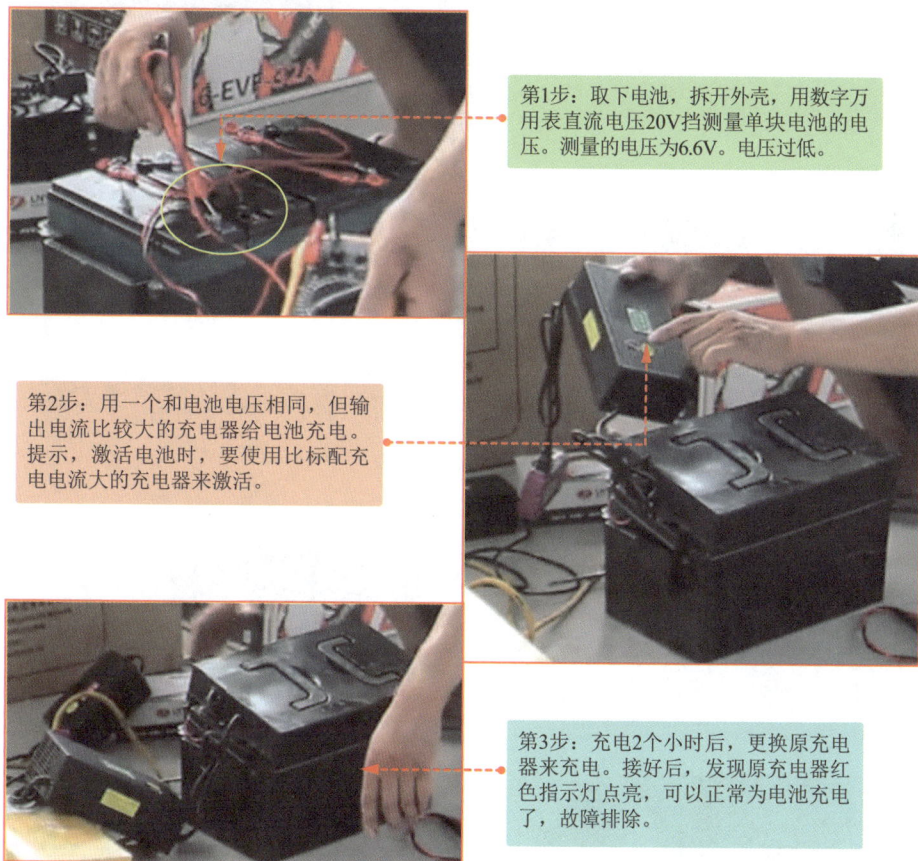

第1步：取下电池，拆开外壳，用数字万用表直流电压20V挡测量单块电池的电压。测量的电压为6.6V。电压过低。

第2步：用一个和电池电压相同，但输出电流比较大的充电器给电池充电。提示，激活电池时，要使用比标配充电电流大的充电器来激活。

第3步：充电2个小时后，更换原充电器来充电。接好后，发现原充电器红色指示灯点亮，可以正常为电池充电了，故障排除。

图6-14　铅酸蓄电池长时间放置无法充电故障维修

6.15　电动自行车漏电故障维修

一辆电动自行车使用一年多后，行驶距离严重变短。根据故障现象分析，此故障原因可能是电池损坏、车身漏电、电动机问题等。

电动自行车漏电故障维修方法如图6-15所示。

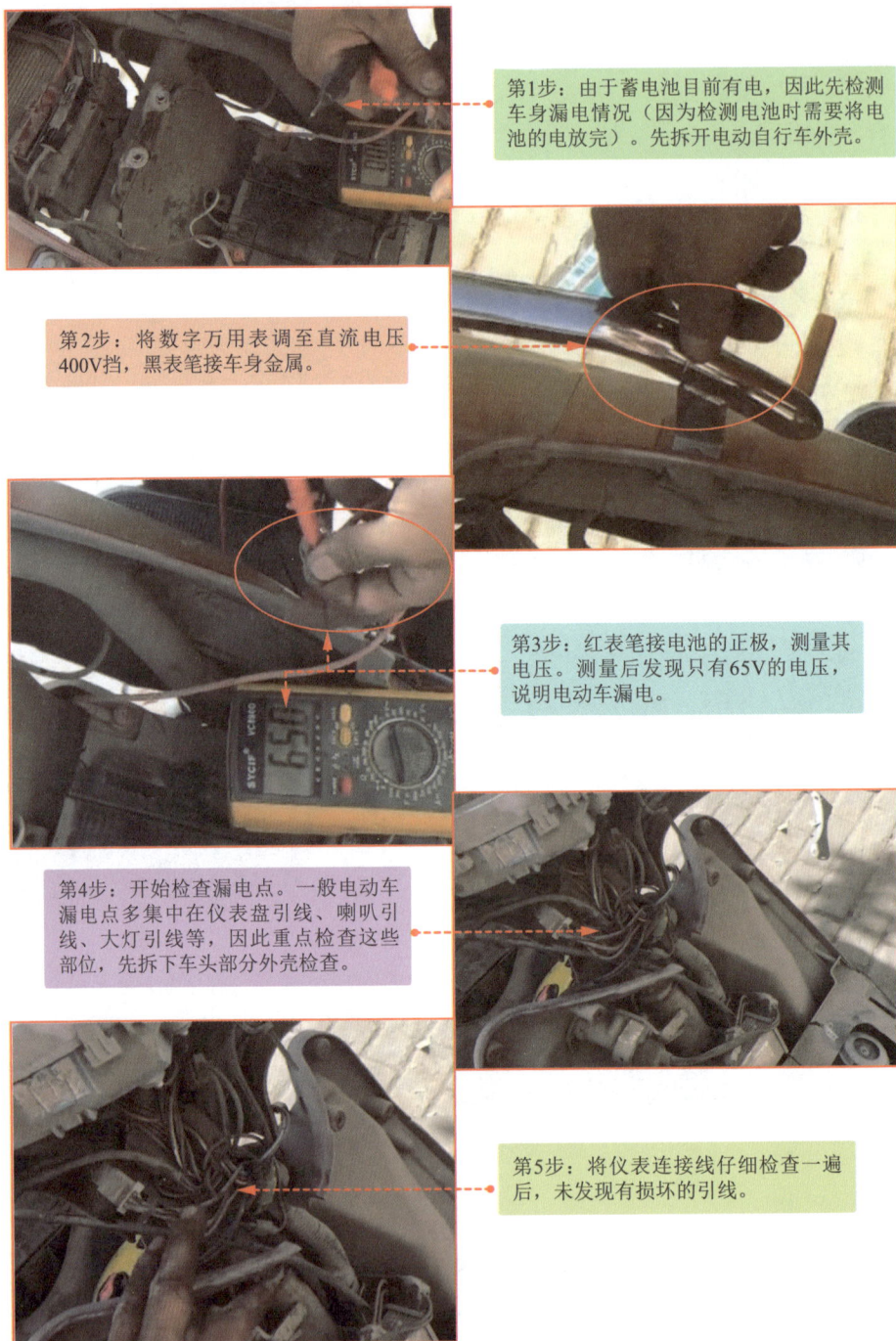

第1步：由于蓄电池目前有电，因此先检测车身漏电情况（因为检测电池时需要将电池的电放完）。先拆开电动自行车外壳。

第2步：将数字万用表调至直流电压400V挡，黑表笔接车身金属。

第3步：红表笔接电池的正极，测量其电压。测量后发现只有65V的电压，说明电动车漏电。

第4步：开始检查漏电点。一般电动车漏电点多集中在仪表盘引线、喇叭引线、大灯引线等，因此重点检查这些部位，先拆下车头部分外壳检查。

第5步：将仪表连接线仔细检查一遍后，未发现有损坏的引线。

图6-15　电动自行车漏电故障维修

第6步：继续检查喇叭连接线。

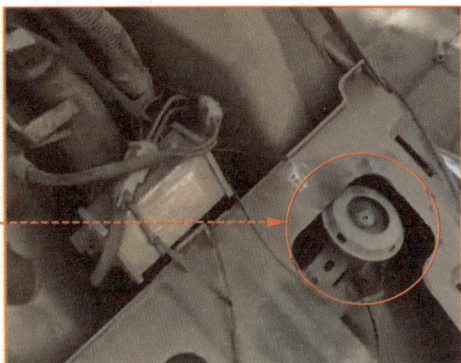

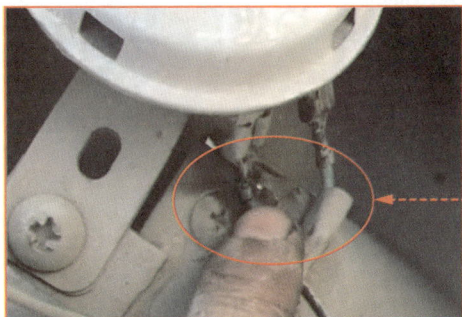

第7步：经检查发现喇叭连接线有破损，接触了外壳，引起搭铁漏电。

第8步：将喇叭破损引线处理后，重新测试。将万用表挡位调到直流电压400V挡，红表笔接电池正极输出线，黑表笔接车身，测量的电压值为0，说明电动车漏电故障消失，故障排除。

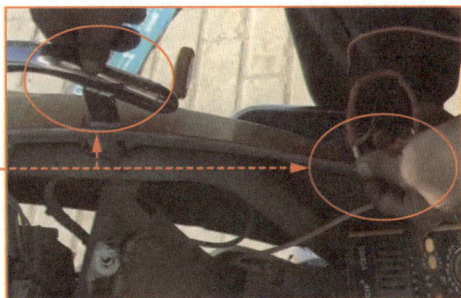

图6-15　电动自行车漏电故障维修（续）

6.16　电动自行车左侧刹车不灵故障维修

一辆电动自行车左侧的刹车不灵，刹不住，右边正常。根据故障现象分析，由于右侧刹车可以正常使用，说明控制器刹车电路正常，原因可能是左侧刹车线问题或左侧刹车断电开关问题引起的。

电动自行车左侧刹车不灵故障维修方法如图6-16所示。

第1步：支起电动自行车检查左侧闸，发现捏闸后，车轮一直转，说明捏闸后，没有断电。拆开车头外壳，检查左侧闸的连线，发现引线已断。

第2步：将旧闸拆下，更换新闸。拧下闸把的固定螺丝，然后拆下闸把。

第3步：将新闸把固定到车把上，拧好螺丝。先别拧太紧，等调整好后再拧紧。

第4步：把刹车线安装到新闸把上，并调整好松紧度。

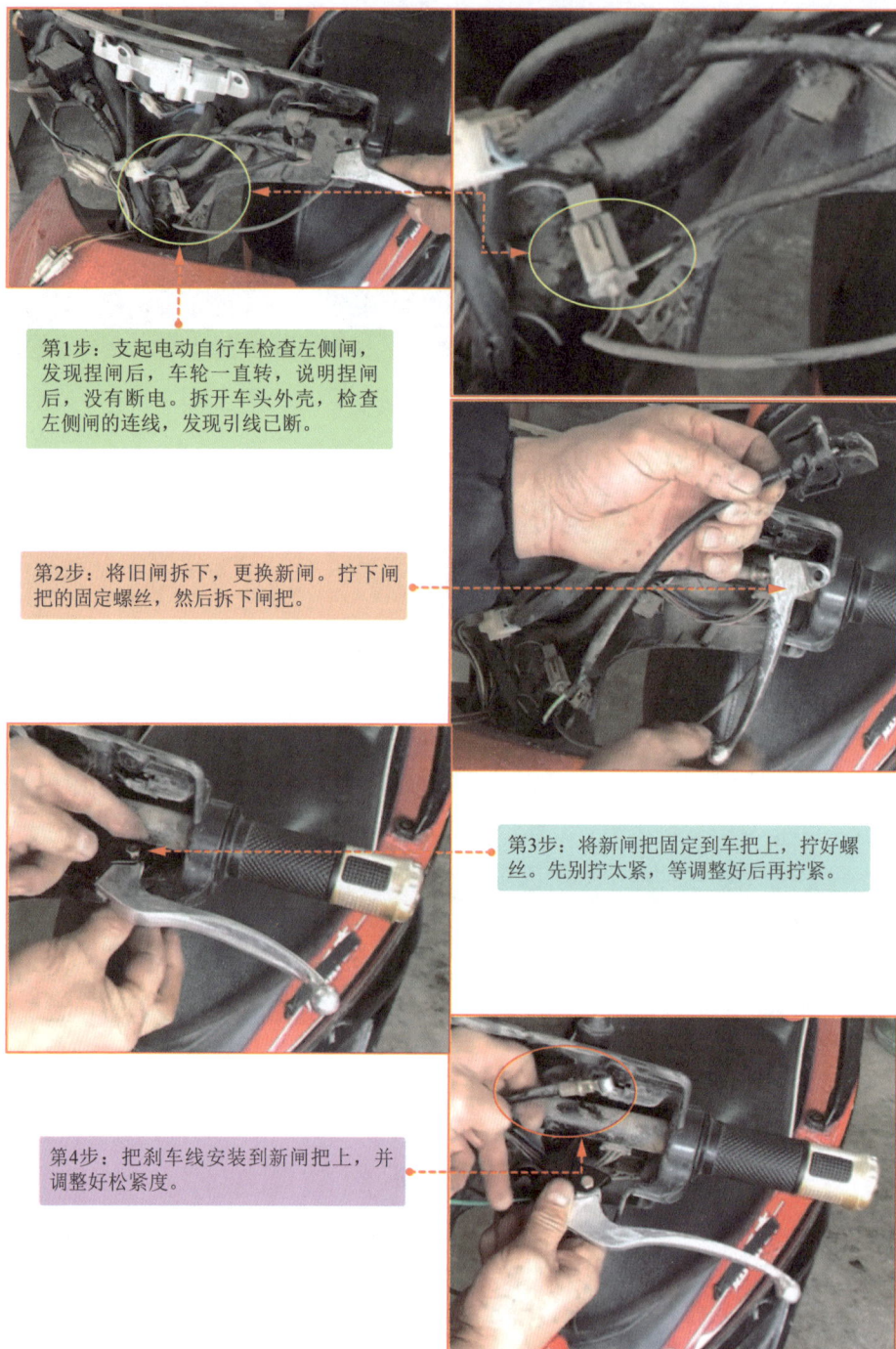

图6-16　刹车不灵故障维修

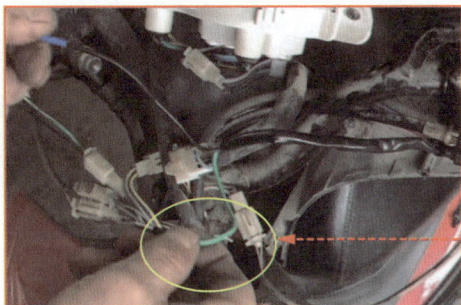

第5步：将新闸把上的引线与原先闸把引线接头连接好。之后测试左侧闸把，可以正常刹车了，故障排除。

图6-16　刹车不灵故障维修（续）

6.17　电动机不转且仪表电量指示异常故障维修

一辆电动自行车打开电源开关，仪表盘中电量指示异常，即电量指示一直在变化，且转动转把时，电动自行车无法启动。根据故障现象分析，此故障原因可能是电池问题、控制器问题、电源锁问题等。

电动机不转且仪表电量指示异常故障维修方法如图6-17所示。

第1步：拧开电源开关钥匙，看到仪表电量显示不稳，转动转把，电动机不转。由于仪表有电量显示，只是显示不正常，因此可以排除仪表引线问题。

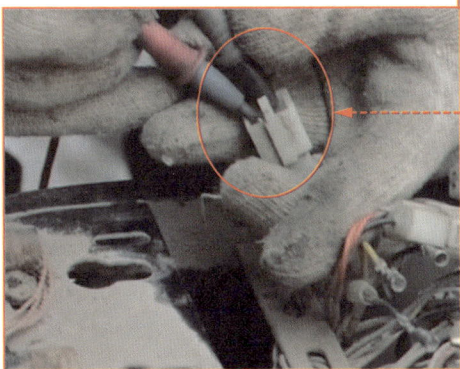

第2步：将数字万用表调到直流电压200V挡，红黑表笔分别测量控制器各个引线的电压。发现电源钥匙锁接口的电压不稳。怀疑是电源开关问题，导致控制器输出信号不正常，无法启动。

图6-17　电动机不转且仪表电量指示异常故障维修

第3步：测试电源开关，找到电源钥匙锁的引线接口，然后将引线直接相连（相当于电源钥匙锁处于开启的状态）。

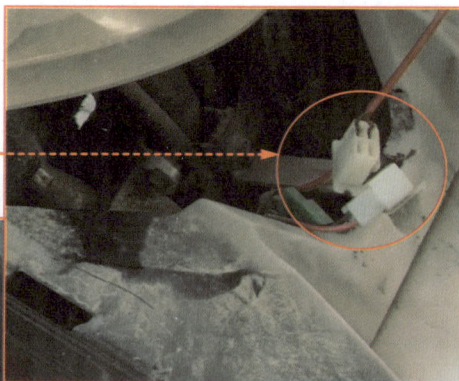

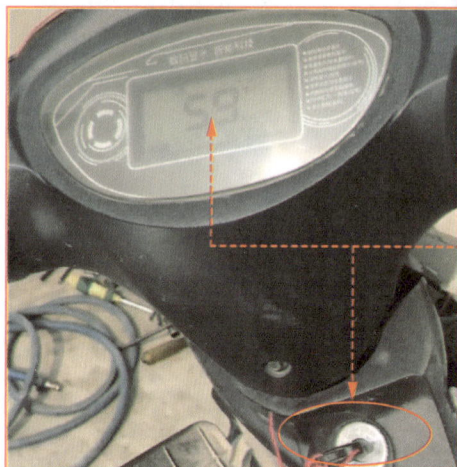

第4步：观察仪表盘，发现电量指示显示正常了，转动转把，电动机可以转动了。看来故障是由于电源钥匙锁损坏引起的。

图6-17　电动机不转且仪表电量指示异常故障维修（续）

6.18　电动自行车仪表盘不显示电量故障维修

一辆电动自行车骑行正常，但仪表盘不显示电量信息，有转速信息。根据故障现象分析，此故障可能是由于仪表引线接触不良、控制器电量信息输出问题等引起。

电动自行车仪表不显示电量故障维修方法如图6-18所示。

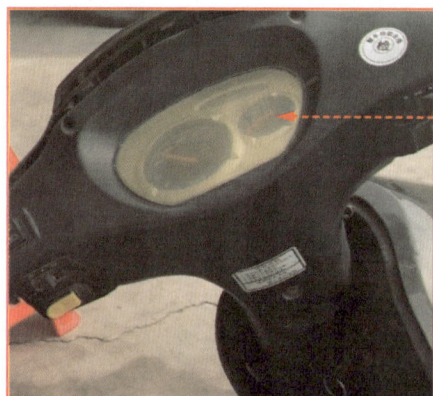

第1步：拧开电源钥匙开关，并拧动转把，然后观察仪表盘。发现转速表指针转动，电量信息指针不动。重点检查仪表中的电量仪表引线接头。

图6-18　电动自行车仪表不显示电量故障维修

第2步：拆开车头仪表后面的外壳，然后找出仪表线检查（一根红线，一根黑线），未发现断线问题。

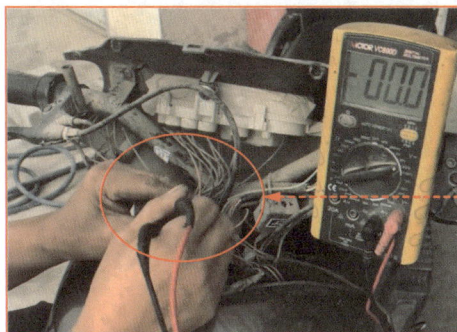

第3步：将数字万用表调到直流电压200V挡，测量仪表线接头的电压（直接将表笔插入接头中测量）。

第4步：测量电量仪表线接头另一端的电压。发现测量的电压为32.6V，说明接头接触不良。

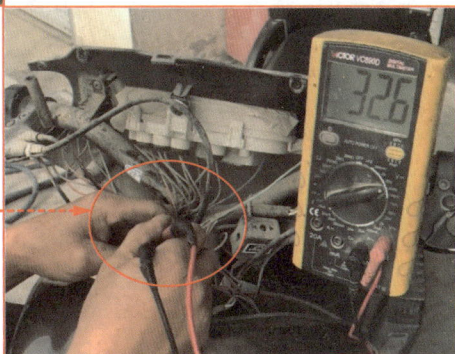

第5步：由于没有合适的接头，因此将接头两端的电量仪表线剪断，直接连接起来。

图6-18　电动自行车仪表不显示电量故障维修（续）

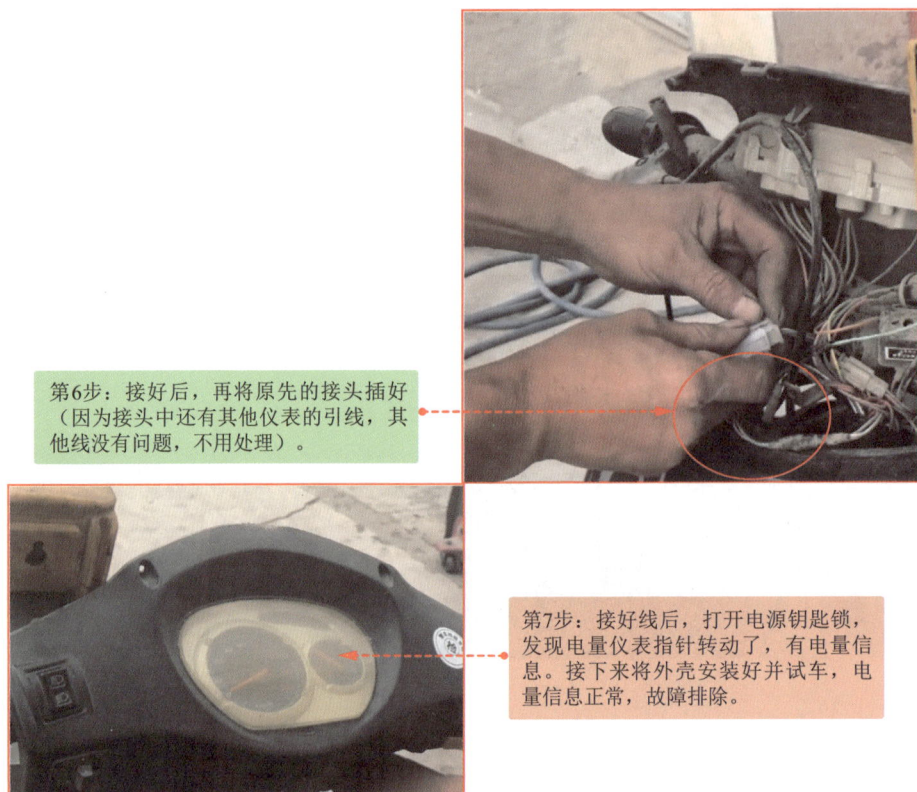

第6步：接好后，再将原先的接头插好（因为接头中还有其他仪表的引线，其他线没有问题，不用处理）。

第7步：接好线后，打开电源钥匙锁，发现电量仪表指针转动了，有电量信息。接下来将外壳安装好并试车，电量信息正常，故障排除。

图6-18　电动自行车仪表不显示电量故障维修（续）

6.19　锂蓄电池内部电芯损坏故障维修

当锂蓄电池内部有电芯损坏后，通常会造成电池无法充电，或刚充电就显示充满，刚上路就显示没电的故障。对于该故障可以采用图6-19所示的方法步骤进行检测维修。

第1步：拆开锂蓄电池的外壳，然后拆开密封绝缘壳。

图6-19　锂蓄电池内部电芯损坏故障维修

第2步：将数字万用表调到直流电压200V挡，测得锂电池当前输出电压为36.4V，低于电池标称电压48V，电压不正常。

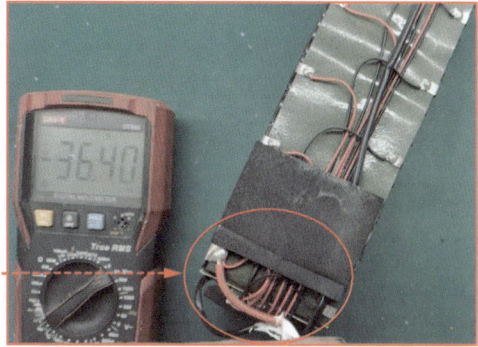

第3步：怀疑电池内部有电芯损坏，将万用表两只表笔分别接串联的13串电芯，测量其电压。

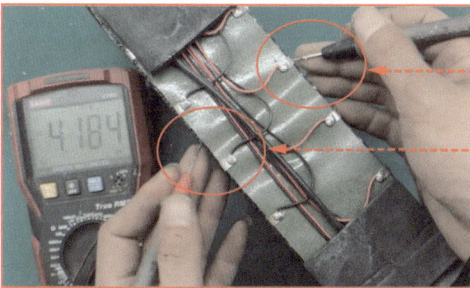

第4步：测量发现第4串电芯的电压为0.005V，其他电芯电压均在4.18V左右。怀疑第4串电芯损坏。

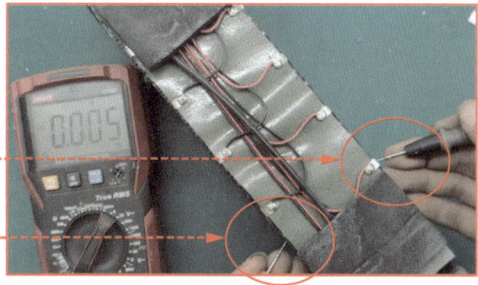

第5步：用电烙铁焊下第4串电芯的连接线。

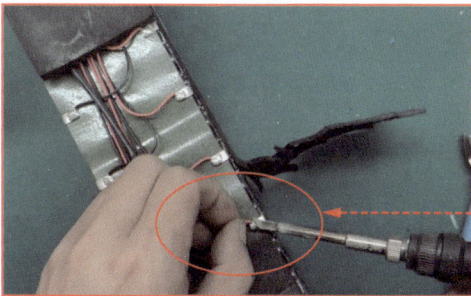

图6-19　锂蓄电池内部电芯损坏故障维修（续）

第6步：用钳子将第4串电芯的导电连接片拆除。注意拆除过程中平放电池时，电池下面垫一个绝缘板，防止操作板上有导通，导致电池短路损坏。

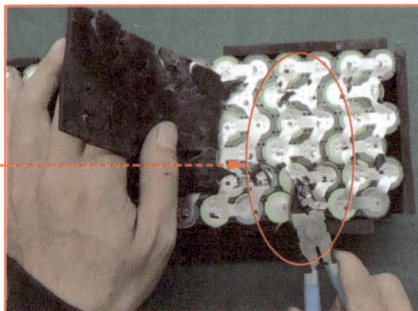

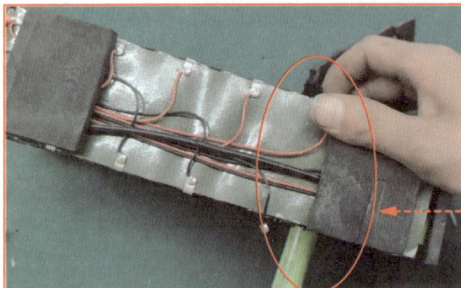

第7步：拆除第4串电芯两侧的导电连接片后，拆下每一块电芯。

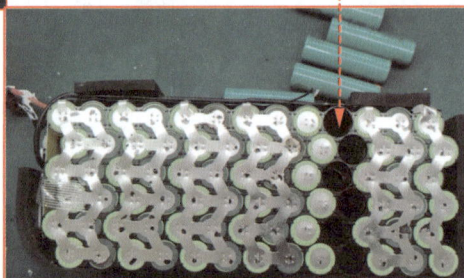

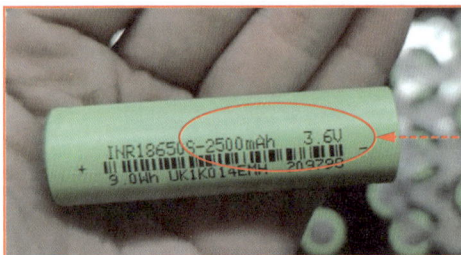

第8步：电芯拆下后，查看电芯的容量和电压等参数，然后准备参数相同的电芯来替换。

第9步：分别测量原电芯和新电芯的内阻。测量的内阻值均为19.17左右，符合要求。

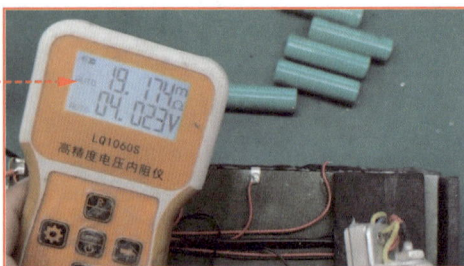

图6-19　锂蓄电池内部电芯损坏故障维修（续）

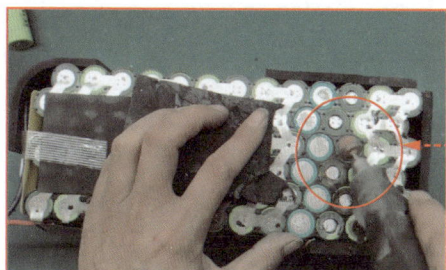

第10步：将新电芯安装到锂电池组中，然后将一起拆除连接片的第3串电芯的正负极打磨光滑，防止安装导电连接片时，出现接触不良问题。

第11步：更换第3串电芯正极的青稞纸。

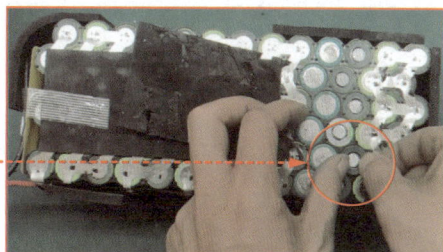

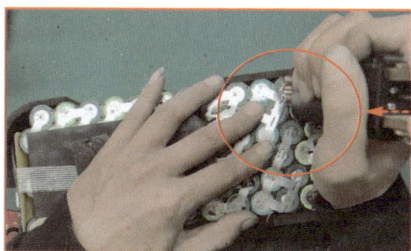

第12步：用电焊机将新的导电连接片焊接到每个电芯上，并将第3串和第4串电芯用导电连接片连接起来。

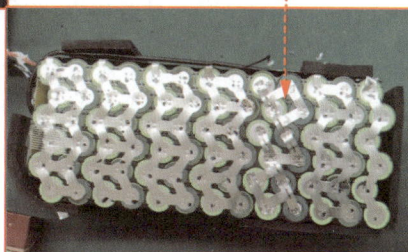

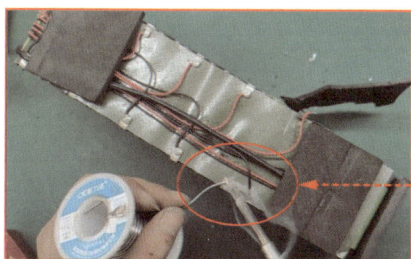

第13步：将电芯导线焊接好。

图6-19　锂蓄电池内部电芯损坏故障维修（续）

第14步：焊接好之后，用数字万用表直流电压200V挡测量电池组的板后输出电压。测量值为53.54V，电压正常。如果电池电量不足，需要先给其充电。

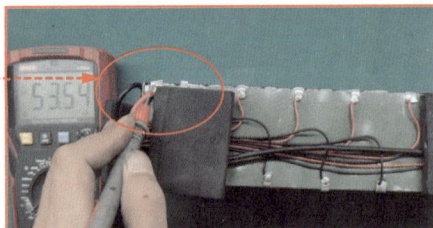

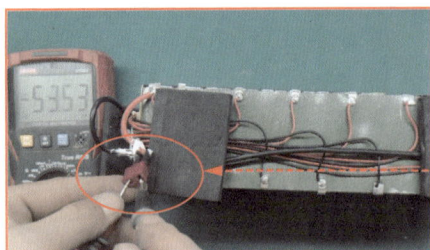

第15步：测量电池组的板前输出电压，测量的电压为53.53V，电压正常。

第16步：将电池组安装好，维修完成。

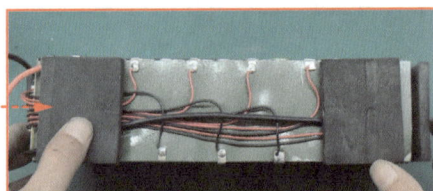

图6-19　锂蓄电池内部电芯损坏故障维修（续）

6.20　电动自行车常见故障维修经验总结

电动自行车经常出现无法启动、电动机不转、骑行无力、加速动力不足、电动机时转时停、启动噪声大、电动机异响、骑行抖动、刹车异响等故障，本节将总结一下这些故障的维修经验。

6.20.1　电动自行车通电无显示及无法启动运行故障

故障维修经验总结：

这种故障一般是由电池问题、刹车问题、转把问题、控制器问题、电动机问题等引起的，重点检查这些方面。

（1）首先检查电动自行车电池的电源输出是否正常，如输出电压为0，检查电池接头触点是否接触良好。

（2）如果接触良好，接着检查电锁开关输出端电压是否正常，如果不正常，检查电锁开关。

（3）如果电源输出电压较低，则先给电池充电，充电之后再次测量，如果输出电压依旧过低，说明蓄电池损坏，更换或修理蓄电池。

（4）如果电池输出电压正常，则把刹车线拔掉，如果电动机可以正常转动，说明闸把损坏，维修闸把。

（5）接下来检查转把，通电短接转把正极和信号线来判断故障，如果电动机在短接后正常转动，说明转把损坏，维修转把。

（6）检查控制器时，可以把转把线的+5V电源线短接，如电动机开始转动说明控制器没问题。

（7）如果以上检查均正常，则可能是电动机的问题，维修电动机。

6.20.2　电动自行车仪表盘显示正常，但无法启动故障

故障维修经验总结：

这种故障一般是由电动机问题、控制器问题等引起的，重点检查这些方面。

（1）电动自行车仪表盘显示正常，说明蓄电池和电源稳压电路正常，可以先测量控制器的输出电压是否正常。如果正常则是电动机问题，检查电动机的线圈、霍尔元器件等。

（2）如果输出电压不正常，则是控制器问题。重点检查控制器中的驱动电路、保护电路等。

6.20.3　电动自行车无法启动，加电后熔断保险故障

故障维修经验总结：

这种故障一般是由整车电路短路问题引起的，重点检查可能引起短路的线路。

（1）一般电动自行车的前照灯引线出现短路情况较多，所以先检查这部分电路的引线或接头是否有破损情况。

（2）控制器电路有短路情况，可用电阻法查找到故障点，发现短路的元器件，更换即可。

6.20.4　电动自行车拧开钥匙后电动机直接转动且不受转把控制故障

故障维修经验总结：

这种故障一般是由调试转把问题、控制器问题等引起的，重点检查调试转把和控制器。

（1）当调试转把出现故障后，会使控制器始终处于接通状态，导致电动机一直转动。检查故障时，可以先断开调试转把的连接线，然后测试电动机是否还一直

转动。如果电动机停止了转动，则是调试转把问题，维修或更换调试转把即可；如果电动机依旧转动不停，则是控制器的问题。

（2）当控制器电路的MOS管击穿后，蓄电池的电源经击穿的MOS管直接加到电动机上，导致电动机一直工作。

6.20.5　电动自行车能正常启动，跑十几米就停止故障

故障维修经验总结：

这种故障一般是由以下几个问题引起的。

（1）蓄电池电量不足，控制器进入了欠压保护状态。

（2）电动自行车电路有接触不良问题，待电动自行车速度上升，电流增大通电有"阻碍"而断电。对于此问题，重点检查电动自行车线路是否接触不良。

（3）控制器问题，一般是控制器电路有元器件虚焊或损坏。

6.20.6　电动自行车空转时转速很高，骑行时无力故障

故障维修经验总结：

这种故障一般是由电动机问题、控制器问题引起的，重点检查电动机和控制器。

（1）首先检查空转时电动机的空载电流，正常时空载电流应在0.5A左右。若电流过大就是电动机故障（如轴承磨损、气隙过大或绕组匝数变少等）。

（2）若加载后空载电流不增大，则是控制器的故障，可用一个正常的控制器进行替换测试。

6.20.7　电动自行车加速时，有时动力不足有时正常故障

故障维修经验总结：

这种故障一般是由调试转把问题引起的，重点检查调速转把的磁环，一般磁环磨损或者氧化会导致此故障。尽量不要让调试转把淋雨。对于此问题可拆卸调速转把，更换加速磁环即可。

6.20.8　电动自行车加速时电动机转速很慢故障

故障维修经验总结：

这种故障一般是由调试转把问题、蓄电池问题、控制器问题、电动机问题等引起的，重点检查这些方面。

（1）调速转把内元器件局部损坏，更换损坏的霍尔元器件或更换调速转把。

（2）控制器问题，检测控制器中驱动电路的输出电压是否正常，若不正常则检查控制器中的元器件。

（3）电动机出现故障，检查电动机的线圈。

6.20.9　电动自行车的电动机时转时停，骑行时有振动故障

故障维修经验总结：

这种故障一般是由蓄电池问题、电动机问题引起的，重点检查蓄电池和电动机。可以在骑行时加电观察电量显示，若电量显示低，是电源方面故障（包括蓄电池、电源线等）；若电量显示正常，则是电动机故障。

（1）当蓄电池已到使用寿命时，会出现此故障。可以先检查蓄电池中各电池的连线是否虚焊；如果没有则检测蓄电池的放电情况；如果蓄电池老化内阻增大，会造成空载电压正常，加负荷时电池端电压下降，控制器处于欠压保护导致电动机停转。这种问题更换蓄电池即可。

（2）电源线接触不良也会导致此故障，重点检查蓄电池接头触点、电源线接头、钥匙开关等有无接触不良。

（3）有刷电动机的碳刷被磨损，引起接触不良也会导致此故障。拆开故障电动机，检查碳刷、整流子，更换磨损的碳刷，用油石打磨氧化的整流子，清理整流子片间绝缘槽，使之低于整流子片。

6.20.10　电动自行车仪表盘显示异常而电动机运转正常故障

故障维修经验总结：

这种故障一般是由仪表盘连接线问题、仪表盘发光二极管问题、仪表盘电路板问题等引起的，重点检查这些方面。

（1）检查仪表盘表正负极连接线间电压，如果无电压则检查仪表盘连接线及连接插头是否接触不良。

（2）检查仪表盘发光二极管是否损坏，如果损坏，重新更换发光二极管即可。

（3）如果以上都没问题，则可能是仪表盘电路板有问题。

6.20.11　电动自行车启动时噪声大故障

故障维修经验总结：

这种故障一般是由三方面问题引起的。

（1）电动机自身噪声大，电动机因设计问题或过热，使用较久后可能导致启动时噪声大，解决方法是更换电动机。

（2）控制器和电动机匹配问题。控制器软件处理不完善，兼容性不强。解决方法是更换高标控制器。

（3）电动机启动到某一速度后与电动自行车产生共振。解决方法是换用其他

电动自行车或控制器为此类车做匹配（效果可能不会很明显）。

6.20.12　电动自行车电动机噪声大或声音异常故障

故障维修经验总结：

这种故障一般是由电动机问题引起的。

（1）电动自行车的电动机内轴承间隙过大。

（2）电动机转子扫堂，重新修理定子、转子。

（3）电动机内磁钢松动，重新粘好磁钢即可。

（4）电动机机体偏转，重新调整机体即可。

（5）有刷电动机的转向器表层氧化、烧蚀、油污凹凸不平、换向片松动。清洗换向器表层，焊牢换向片。

（6）有刷电动机的碳刷松动、碳刷架不正。需调整碳刷。

6.20.13　电动自行车骑行时电动机有异响故障

故障维修经验总结：

这种故障一般是由缺相、轴承生锈等问题引起的。检修时，先检查电动机的轴承是否生锈，如果生锈了，更换掉轴承（如果没合适的轴承，可以先涂抹一些润滑油处理一下）。然后检查霍尔元器件是否烧坏，霍尔元件烧坏会造成缺相问题，导致异响。

6.20.14　电动自行车启动时会抖动，骑行噪声大速度变慢故障

故障维修经验总结：

一般这种故障属于电动机缺相的"症状"。电动机缺相情况下，零启动时会抖动；也可能是电动机霍尔元器件损坏引起的的故障，还有一种可能是控制器内部某一相线电路出现了问题。

检测故障时，先仔细检查连接线是否有问题，然后检查霍尔元器件是否正常，如果霍尔元器件和连接线都正常，那可能是控制器内部元器件损坏导致的故障，需要检查控制器电路。

6.20.15　电动自行车刹车时有异响故障

故障维修经验总结：

这种故障一般是由碟刹片问题、碟刹盘问题、鼓刹问题等引起的。重点检查刹车片。

（1）如果电动自行车采用的是碟刹片，则检查前后轮碟刹片是否磨损严重；如果是，更换碟刹片即可。

（2）如果碟刹片没有问题，接着检查碟刹盘是否磨损。

（3）检查是否存在因安装调整不当导致碟刹片不均匀（一边高一边低）。

（4）如果电动自行车采用鼓刹，则检查制动性能是否明显下降，或制动行程是否明显超过新车状态。如果是，则更换新鼓刹。

（5）如果是新车鼓刹有异响，需要重新调整鼓刹与电动机盖、电动机轴与车架以及鼓刹盖与车架定位铁片的位置。